TALKING BUSINESS IN
ITALIAN

Dictionary and Reference for International Business

Phrases and Words You Need to Know

by Frank G. Rakas
Director, Exhibition Center/Market Research
Italian Trade Commission
New York City

⫷ **W9-CAR-780**

BARRON'S EDUCATIONAL SERIES, INC.
New York • London • Toronto • Sydney

All inquires should be addressed to:
Barron's Educational Series, Inc.
113 Crossways Park Drive
Woodbury, New York 11797

Library of Congress Catalog Card No. 86-14645
International Standard Book No. 0-8120-3754-5

Library of Congress Cataloging-in-Publication Data
Rakas, Frank G.
   Talking business in Italian.

   1. Business—Dictionaries. 2. Commerce—Dic-
tionaries. 3. Business—Dictionaries—Italian. 4. Com-
merce—Dictionaries—Italian. 5. English language
—Dictionaries—Italian. 6. Italian language—Diction-
aries—English. I. Barron's Educational Series, inc.
II. Title.
HF1001.R35   1987   650'.03'51   86-14645
ISBN 0-8120-3754-5

PRINTED IN THE UNITED STATES OF AMERICA

7 8 9   9 6 9   9 8 7 6 5 4 3 2 1

CONTENTS

PREFACE

It is the nature of business to seek out new markets for its products, to find more efficient ways to bring its goods to more people. In the global marketplace, this often means travel to foreign countries, where language and customs are different. Even when a businessperson knows the language of the host country, the specific and often idiosyncratic terminology of the business world can be an obstacle to successful negotiations in a second language. Pocket phrase books barely scratch the surface of these problems, while standard business dictionaries prove too cumbersome.

Now there is a solution — Barron's *Talking Business in Italian.* Here is the essential pocket reference for all international business travelers. Whether your business be manufacturing or finance, communications or sales, this three-part guide will put the right words in your mouth and the best expressions in your correspondence. It is a book you'll carry with you on every trip and take to every meeting. But it is also the reference you'll keep on your desk in the office. This is the business dictionary for people who do business.

Barron's *Talking Business in Italian* offers you the following features:

- a 6,000-entry list of basic business terms, dealing with accounting, advertising and sales, banking, computers, export/import, finance and investment, labor relations, management, manufacturing, marketing, retail and wholesale sales, and more.
- a quick guide to basic terms and expressions for getting by when you don't know the language.
- a pronunciation guide for speaking the language.
- a comprehensive list of common business abbreviations.
- reference words for numbers and amounts, days of the week, months and seasons of the year.
- conversion tables for metric and customary measurements.
- lists of major holidays, annual trade fairs, travel times between cities, average temperatures throughout the year.
- information on international currencies, country and city telephone codes, useful addresses in the foreign countries.

This book is one of a new series of business dictionaries. We welcome your comments on additional phrases that could be included in future editions.

Acknowledgments

We would like to thank the following individuals and organizations for their assistance on this project:

John Downes, Business Development Consultant, Office for Economic Development, New York, New York; Gianfranco Paone of Long Island Trust; Luciana Silvers of the Ital Trade USA Corporation; Warren T. Schimmel, Senior Vice-President, Academic Affairs, The Berkeley Schools; the Commercial Office of the Embassy of Italy in the United States for their assistance in preparing the Introduction; and Dolores Maggiore and Viera Morse, for their detailed and careful attention to the manuscript.

Portions of Part I of this book are reprinted with permissions from *Italian at a Glance,* by Mario Costantino, published by Barron's Educational Series, Inc. The information about Switzerland in the Introduction is reprinted with permission from Pierre Weil's Introduction to *Talking Business in French,* also published by Barron's.

PRONUNCIATION GUIDE

This book assumes you are already somewhat familiar with the basic pronunciation rules of Italian, but for those whose knowledge is a little rusty, here are some tips. Many vowels and consonants in Italian are pronounced as they would be in English. There are some exceptions, however, which are given below. Since these sounds don't usually vary, you can follow these guidelines in pronouncing all Italian words. Note: When pronouncing the words in the following examples, stress the vowels that appear in CAPITAL letters.

ITALIAN LETTER(S)	SOUND IN ENGLISH	EXAMPLE
Vowels		
a	ah (y<u>a</u>cht)	casa (kAH-sah), house
è	eh (n<u>e</u>t)	leggere (lEH-jeh-reh), to read
e	ay (h<u>ay</u>)	mela (mAY-lah), apple
i	ee (f<u>ee</u>t)	libri (lEE-bree), books
o	oh (r<u>o</u>pe)	boccone (boh-kOH-neh), mouthful
u	oo (c<u>oo</u>l)	tutto (tOOt-toh), everything
Consonants		
ci	chee (<u>chee</u>se)	cinema (chEE-nay-mah), movies
ce	chay (<u>ch</u>air)	piacere (pee-ah-chAY-reh), pleasure
ca	kah (<u>c</u>ot)	casa (kAH-sah), house
co	koh (<u>c</u>old)	cotto (kOHt-toh), cooked
che	kay (<u>k</u>ent)	perchè (pehr-kAY), because
chi	key (<u>key</u>)	pochi (pOH-key), few
gi	jee (<u>j</u>eep)	giro (jEE-roh), turn
ge	jay (<u>g</u>eneral)	generale (jay-nay-rAH-leh), general
gh	gh (spa<u>gh</u>etti)	spaghetti (spah-ghAY-tee)
gli	ll (mi<u>lli</u>on)	egli (AY-ly-ee), he bottiglia (boht-tEE-ly-ee-ah), bottle

ITALIAN LETTER(S)	SOUND IN ENGLISH	EXAMPLE
gn	ny (ca<u>ny</u>on)	magnifico (mah-ny-EE-fee-koh), magnificent
qu	koo (<u>qu</u>iet)	aquila (AH-koo-ee-lah), eagle
sce	sh (fi<u>sh</u>)	pesce (pAY-sheh), fish
sci		sciopero (shee-OH-peh-roh), strike
z or zz	ts (ea<u>ts</u>)	pizza (pEE-tsah), pizza zero (tsEH-roh), zero

INTRODUCTION

DOING BUSINESS IN ITALIAN

by Stephanie Siciarz, Cultural Office, Embassy of Italy in the United States

Doing business with another culture and in another language can be a difficult and mystifying experience. Customs and procedures may be quite different from what is perceived as the "normal" way of conducting oneself in a business circumstance.

In this introduction, some important cultural and economic aspects of Italy and Switzerland are outlined. Basic knowledge of these facts will assist you in effectively conducting business in the Italian speaking world.

Usual Hours of Operation

Italy	Mon to Fri 8:30 or 9:00 AM – 12:30 & 3:00 PM – 5:30 or 6:00 PM
Switzerland	Mon to Fri 7:30 AM – 5:30 PM with 1 – 2 hours lunch

Business Customs

Italy: Italian business people tend to be quite formal. For instance, when the title of an Italian executive is unknown, he/she should be addressed as *Dottore/ Dottoressa*. This title generally denotes one who has earned the equivalent of an American bachelor's degree. Also, at the beginning of a business meeting, casual conversation is appropriate. The aggressive "strictly business" attitude of some American businessmen is not common in the Italian business world, and this American aggressiveness could be mistaken for rudeness or coldness. It is advisable, however, to avoid addressing current political events, as Italians are very politically aware and opinionated; a discussion of politics could lead to heated debate and awkwardness for the American executive.

Switzerland: Discretion is highly valued in all circumstances. Punctuality is important for any occasion, business or social. Refrain from first-name basis also.

General Government Policy and Economic Situation

Italy: The Italian Republic is subdivided into twenty regions, each of which is to a large extent an autonomous entity. Each region is governed by a regional Council within the guidelines set by the Constitution and the laws of the State. Each region is also responsible for its own police, markets, sanitation, tourism, museums and libraries, and education, among others. These legislative functions must not conflict in any way, however, with the national interest or with the interest of other regions.

Although Italy is among the seven most industrialized democracies in the world, agriculture continues to play an important role in the Italian economy. Agricultural production, which has remained extremely stable, engages approximately 12% of Italy's work force. The major crops are wheat, grapes, sugar beets, olives, and fruits. Current improvements in mechanization, fertilization, and irrigation should increase the efficiency of production.

Industry, which accounts for approximately 33% of Italy's labor force, is very diverse, encompassing production of iron and steel, chemicals and fuel oils, electrical machinery, and textiles.

The production of iron and steel is of particular importance, despite the fact that it must rely on the fluctuation of the automobile and building industries. Italy is the fourth world producer of steel and machine tools.

The chemical industry accounts for a major portion of the Italian economy as well. Italy is one of the biggest world producers of such chemical products as fertilizers, dyes, plastics, fuel oils, and pharmaceuticals.

In the field of electrical machinery and appliances, Italy has become the first world producer of electric motors, the second world producer of sewing machines and motorcycles, and the third world producer of household appliances.

The textile industry has a long history and accounts for a generous portion of Italy's foreign trade profit. Italy is the first world producer of leather apparel and ranks third in the world for the production of fabrics after the United States and Japan. Italian clothing and footwear have enjoyed especially strong demand in the foreign market.

The remainder of Italy's work force is divided into the service sector, which accounts for 40% of the labor force and includes such fields as commerce, transportation, and communication; and the field of public administration, which accounts for 15% of those employed.

Italy is largely a free economy, though governmental participation does play an important role particularly in the industrial sector. Through the large holding companies of the State, such as the IRI (Institute for Industrial Reconstruction), the ENI (National Hydrocarbons Agency), and others, the government is able to exercise power in order to further develop this important sector of the economy.

Main imports: Consumer goods, raw materials, fuels, machinery.

Main exports: Automobiles, wines, petroleum derivatives, organic chemical products, textiles, steel and metal products, motors and machinery, industrial equipment, office machinery, furniture, clothing, footwear, jewelry.

Principal trading partners: Countries with which Italy conducts the most business include, the United States, Belgium, Luxembourg, France, Federal Republic of Germany, United Kingdom, Austria, Switzerland, Netherlands, USSR, Saudi Arabia, Libya, and Iran. Italy, which conducts a major portion of its trade activity with other European nations, is a member of the European Economic Community (EEC). In 1984 Italy's trade balance showed a deficit of $6 million.

Inflation rate: Slightly over 8%*.

Population: 56.6 million.

Language: The principal language of Italy is Italian. Accents and dialects vary from region to region, with the purest Italian considered that of the Toscana region (Tuscany). In the Valle d'Aosta region on the French border, French is spoken as well as Italian. Similarly, in the Friuli-Venezia Giulia region bordering Yugoslavia there is a Slovakian language spoken, and in the Alto Adige region bordering Austria and Switzerland one is likely to hear some German. In addition, in the regions of Puglia, Calabria, and Sicily, there are small Greek-speaking and Albanian-speaking communities.

Religion: Roman Catholic.

GNP: $360 billion.

GNP per inhabitant: $6,400.

Unemployment rate: 10.4%.

Switzerland: The Swiss Confederation is made up of about 3,000 communes that have a great deal of local autonomy. The 26 cantons (or states) each have their own constitution and their own method of choosing representatives to the federal level. The Italian-speaking area of Switzerland is in the canton of Ticino. Bellinzona is its capital and Lugano is its principal city.

Switzerland is a highly industrialized country based on a free market economy.

Major industries: Machinery, machine tools, precision instruments, chemicals, pharmaceuticals, textiles.

Main imports: Foodstuffs, agricultural and forestry products, coal, oil, textiles, clothing, paper, leather goods, construction materials, metal products, motor vehicles, raw materials.

Main exports: Precision instruments, watches, machinery, chemicals, pharmaceuticals, electronics, textiles.

Principal trading partners: West Germany, France, the United States, Italy, the United Kingdom.

Inflation rate: 4% (1983).*

Population: 6.6 million.

Languages: German 65%, French 18%, Italian 10%, Romansch 1%, others 6%.

Religion: Roman Catholic 48%, Protestant 44%, others 8%.

GNP: $96.1 billion.

GNP per inhabitant: $14,773.

Unemployment rate: 1.2%.

In all Italian-speaking countries, during negotiations the pace is usually slower and it would be advisable not to use the hard-sell method. As elsewhere, an appointment is preferred and it is recommended to telephone if detained. Courtesy goes a long way to smooth the relationship.

* Statistics given in this section are generally accurate for the mid-1980s period.

BEFORE YOU GO . . .

Passports

All permanent U.S. residents must carry a valid passport. Application should be made by mail or in person at least eight (and preferably twelve) weeks in advance to either (1) a U.S. Passport Agency office located in twelve major cities and Washington, D.C.; (2) designated U.S. post offices throughout the country; or, (3) State and Federal courthouses. You may also consult your travel agent or international airline office. All of these offices will let you know what documents you need and the proper procedures to follow.

Requirements for citizens and non-citizens differ somewhat. No international travel tickets will be issued by an airline or travel agent to persons without valid passports.

Visas

No visas are required for Italy, Malta, or Switzerland for travelers with U.S. passports whose stay does not exceed three months.

Immunizations

There are no immunization requirements for smallpox or other diseases for entry into these countries or upon return to the United States. If you plan to include travel outside Europe to Asia, Africa or the Middle East, consult your doctor or the nearest U.S. Public Health Service office.

Customs and Currency Regulations

In general, travelers with U.S. passports are allowed to bring in fairly generous amounts of duty-free items for their own *personal* use. These items include tobacco, alcohol and perfumes and are typically allowed in the following quantities (despite local variation):

400 cigarettes *or* 100 cigars *or* 500 grams of
    tobacco (about 1 lb.)
2 liters of wine or ¾ liters of liquor
2 ounces of perfume

If you are not well in excess of these amounts, a simple statement of "nothing to declare" will be respected by most customs officials.

For gifts whose final destination is the country you are entering, the rules are a bit stricter. It would be wise to check on the duty-free limits beforehand and to declare whatever is in excess.

For personal valuables like jewelry or furs and foreign-made items like watches, cameras, typewriters, or tape recorders (acquired before your trip) you should have proof of possession or register with U.S. Customs before departure. This will ensure that they are not subject to duty either by the United States upon return or by any country you visit.

Upon returning to the United States, each person has a duty-free allowance of $400, including 100 cigars and 1 carton of cigarettes. Each adult may bring in only 1 liter of wine *or* other liquor duty-free. Gifts worth $50 or less may be sent home subject to certain restrictions. For further up-to-date details, ask your travel agent or airline to provide a copy of U.S. Customs regulations.

There are usually no restrictions on the amounts of *foreign currency* (or checks) which foreign nationals may bring *into* these countries. However, in Italy the equivalent of L1,000,000 or more must be declared on entry or exit; and in Malta all foreign currency must be declared. If in doubt, consult a travel agent.

Traveler's Checks, Credit Cards, Foreign Exchange

All major international traveler's checks and credit cards are accepted by most hotels, restaurants and shops. However, it is always best to inquire at each establishment beforehand. The checks most recognized are: American Express, Barclays, Visa, CitiBank, and Bank of America. The cards most acceptable are: American Express, MasterCard, Visa, and Diners Club.

However, be advised that the exchange rate on dollar traveler's checks is almost always disadvantageous. If you want, you can buy foreign currency checks and/or actual currency in the United States before leaving at rates equivalent to or better than the bank rate you will get over there. Currency or checks may be purchased from retail foreign currency dealers. The largest of these, Deak-Perera, will send information if you contact them at: 29 Broadway, New York, NY 10006, 212-757-6915.

A warning to credit card users: When charging, make sure that the following information appears on the original and all copies of your bill: the correct date; the type of currency being charged (*francs, marks, kroner,* etc.); the official exchange rate for that currency on that date (if possible); and, the total amount of the bill. Without this information, you may end up paying at an exchange rate less favorable to you and more favorable to your European host, and for a larger bill than you thought!

Driver's License

A valid American (state) license is usually respected. However, if you have time, and want to avoid language problems on the road, it is a good idea to get an international drivers' document through the AAA or a local automobile club.

Electrical Appliances

If you plan to bring along any small electrical appliances for use without batteries, be aware that Europe's system of electric current and voltage differs from ours. If your appliance has no special internal adapters or converters made especially for use in Europe, you will have to supply your own. For most appliances, you will need *plug adapters* (one for continental Europe and one for Great Britain) that provide the proper number and shape prongs for European outlets.

For further information on foreign electricity, contact Franzus Company, 352 Park Avenue South, New York, NY 10010, 212-889-5850.

BASIC WORDS AND PHRASES

Fundamental Expressions

Yes.	Sì. (see)
No.	No. (noh)
Maybe.	Forse. (fOHr-seh)
Please.	Per piacere. (pEHr pee-ah-chAY-reh)
Thank you very much.	Mille grazie. (mEEl-leh grAH-tsee-eh)
You're welcome.	Prego. (prEH-goh)
Excuse me.	Mi scusi. (mee-skOO-see)
I'm sorry.	Mi dispiace. (mee dee-spee-AH-cheh)
Just a second.	Un momento. (OOn-moh-mEHn-toh)
That's all right/okay.	Va bene. (vah bEH-neh)
It doesn't matter.	Non importa. (nohn eem-pOHr-tah)
Sir	Signore (see-nyOH-reh)
Madame	Signora (see-ny-OH-rah)
Miss	Signorina (see-ny-oh-rEE-nah)
Good morning/afternoon.	Buon giorno (boo-OHn jee-OHr-noh)
Good evening/night.	Buona sera/notte. (boo-Oh-nah sAY-rah/nOH-teh)
Good-bye.	Arrivederci. (ahr-ree-veh-dAYr-chee)
See you later.	A più tardi. (ah pee-OO tAHr-dee)
So long.	Ciao. (chee-AH-oh)
See you tomorrow.	A domani. (ah doh-mAH-nee)

NOTE: Generally, **buon giorno** is used throughout the day until about 4–6 P.M. The expression **buon pomeriggio** ("good afternoon") is generally not used in conversation. **Buona sera** is used when meeting people in the late afternoon and throughout the evening. **Buena notte** is used when leaving at the end of the evening. The casual expression **ciao** ("hello", "bye", "so long") is used only with friends and family.

Glad to make your acquaintance.	Molto lièto[a]. (mohl-toh lee-AY-toh [ah])
How are you?	Come sta? (kOH-meh stah)
Very well, thank you.	Bene, grazie.(beh-neh grAH-tse-eh)
And you?	E lei? (ay lEH-ee)
Fine.	Bene. (beh-neh)
What is your name?	Come si chiama? (kOH-meh see key-AH-meh)
My name is ____.	Mi chiamo ____. (mEE-eh key-AH-moh)
How do you do?	Come sta? (kOH-meh stah)
Glad to meet you.	Lièto[a] di conoscérla. (lee-EH-toh [ah] dee koh-nOH-shehr-lah)
The pleasure is mine.	Il piacere è stato mio.(eel pee-ah-chAY-reh EH stAH-toh mEE-oh)
Where are you from?	Lei di dov'è? (lEH-ee dee doh-vEH)
How long will you be staying?	Quanto tempo resterà qui? (koo-AHn-toh tEHm-po reh-steh-rAH koo-EE)
What hotel are you staying at?	In quale hotel sta? (een koo-AH-leh oh-tEHl stAH)
Here's my address and my telephone number.	Ecco il mio indirizzo e il mio numero. (EHk-koh eel mEE-oh een-dee-rEE-tsoh ay eel mEE-OH nOO-meh-roh)
See you tomorrow.	A domani,(ah doh-mAH-nee)
See you later.	A più tardi/ciao. (ah pee-OO tAHr-dee/chee-AH-oh)

Communication

Do you speak English?	Parla inglese? (pAHr-lah een-glAY-seh)
I don't speak Italian.	Io non parlo italiano. (EE-oh nohn pAHr-loh ee-tah-lee-AH-noh)
I speak a little Italian.	Parlo poco l'italiano. (pAHr-loh pOH-koh lee-tah-lee-AH-noh)

Is there anyone here who speaks English?	C'è qualcuno qui chi parla inglese? (chEH koo-ahl-kOO-noh koo-EE key pAHr-lah een-gLAY-seh)
Please speak more slowly.	Parli più piano, per favore. (pAHr-lee peeOO pee-AH-noh pehr fah-vOH-reh)
Please repeat that.	Ripeta questo, per favore. (ree-pEH-tah koo-AYs-toh pehr fah-vOH-reh)
How do you say ____ in Italian?	Come si dice ____ in italiano? (kOH-meh see dEE-cheh een ee tah-lee-AH-noh)
What do you call this in Italian?	Come si chiama questo in italiano? (kOH-meh see key-AH-mah koo-AYS-toh een ee-tah-lee-AH-noh)

Common Questions and Phrases

Where is ____?	Dov'è ____? (doh-vEH)
When?	Quando? (koo-AHn-doh)
How?	Come? (kOH-meh)
How much?	Quanto? (koo-AHn-toh)
Who?	Chi? (key)
Why?	Perchè? (pehr-kAY)
Which?	Quale? (koo-AH-leh)
Here is ____.	Ecco ____. (EHk-koh)
There is ____.	C'è ____. (chEH)
There are ____.	Ci sono ____. (chee sOH-noh)
That is ____.	Quello[a] è ____. (koo-AYl-loh[ah] EH)
It is ____.	E ____. (EH)

Useful Nouns

address	l'indirizzo (leen-dee-rEE-tsoh)
amount	quantità, il prezzo (koo-AHn-tee-tah, eel prEH-tsoh)
appointment	l'appuntamento (lahp-poon-tah-mEHN-toh)
bill	il conto (eel-kOHn-toh)
business	l'affare (lahf fAH-reh)
car	la macchina, l'auto (lah MAH-key-nah, lAH-oo-toh)
cashier	il cassiere (eel kahs-see-AY-reh)
check	l'assegno (lahs-sAY-ny-oh)
city	la città (lah cheet-tAH)
customs	la dogana (lah doh-gAH-nah)
date	la data (lah dAH-tah)
document	il documento (eel doh-koo-mEHn-toh)

elevator	l'ascensore (lah-shayn-sOH-reh)
flight	il volo (eel vOH-loh)
friend	l'amico[a] (lah-mEE-koh[a])
hanger	l'attaccapanni (laht-tAH-kah-pAHn-nee)
highway	autostrada (lah-oo-toh-strAH-dah)
key	la chiave (lah key-AH-veh)
list	la lista (lah lEEs-tah)
luggage	il bagaglio (eel bah-gAH-ly-e-oh)
maid	la cameriera (lah kah-meh-reeEH-rah)
mail	la posta (lah pOHs-tah)
magazine	la rivista (lah ree-vEEs-tah)
manager	il direttore (eel-dee-reht-tOH-reh)
map	la carta, cartina (lah kAHr-tah, lah-kahr-tEE-nah)
mistake	lo sbaglio (loh-sbAH-ly-ee-oh)
money	il denaro (eel day-nAH-roh)
name	il nome (eel nOH-meh)
newspaper	il giornale (eel jee-ohr-nAH-leh)
office	l'ufficio (loof-fEE-chee-oh)
package	il collo, il pacco, il pacchetto (eel kOH-loh, eel pAH-koh, eel pah-kAY-toh)
paper	la carta (lah kAHr-tah)
passport	il passaporto (eel-pahs-sah-pOHr-toh)
pen	la penna (lah pAYn-nah)
pencil	la matita (lah mah-tEE-tah)
porter	il portabagagli (eel pOHr-tah-bah-gAH-ly-ee)
post office	l'ufficio postale (loof-fEE-chee-oh pohs-tAH-leh)
postage stamp	il francobollo (eel frahn-koh-bOHl-loh)
price	il prezzo (eel prEH-tsoh)
raincoat	l'impermeabile (leem-pehr-mayAH-bee-leh)
reservation	la prenotazione (lah preh-noh-tah-tsee-OH-neh)
rest room	il gabinetto (eel gah-bee-nAYt-toh)
restaurant	il ristorante (eel rEEs-toh-rAHn-teh)
road	la strada (lah strAH-dah)
room	la camera (lah kAH-meh-rah)
shirt	la camicia (lah kah-mEE-chee-ah)
shoes	le scarpe (leh skAHr-peh)

shower	la doccia (lah dOH-chee-ah)
store	il negozio (eel nay-gOH-tsee-oh)
street	la via, la strada (lah vEE-ah, lah strAH-dah)
suit	l'abito (lAH-bee-toh)
suitcase	la valigia (lah vah-lEE-jee-ah)
taxi	il tassi (eel tahs-sEE)
telegram	il telegramma (eel teh-leh-grAHm-mah)
telephone	il telefono (eel teh-lEH-foh-noh)
terminal	il capolinea (eel kah-poh-lEE-neh-ah)
ticket	il biglietto (eel bee-ly-AYt-toh)
time	l'ora, il tempo (lOH-rah, eel tEHm-poh)
tip	la mancia (lah mAHn-chee-ah)
train	il treno (eel trEH-noh)
trip	il viaggio (eel vee-AH-jee-oh)
umbrella	l'ombrello (lohm-brEH-loh)
waiter	il cameriere (eel kah-meh-ree-EH-reh)
watch	l'orologio (loh-roh-lOH-jee-oh)
water	l'acqua (lAH-koo-ah)

Useful Verbs (Infinitive Forms)

accept	accettare (ah-cheht-tAH-reh)
answer	rispondere (rees-pOHn-day-reh)
arrive	arrivare (ahr-ree-vAH-reh)
ask	domandare, chiedere (doh-mahn-dAHr-reh, key-AY-day-reh)
assist	aiutare (ah-ee-oo-tAH-reh)
begin	cominciare (koh-meen-chee-AH-reh)
bring	portare (pohr-tAH-reh)
buy	comprare (kohm-prAH-reh)
call	chiamare (key-ah-mAH-reh)
carry	portare (pohr-tAH-reh)
change	cambiare (kahm-bee-AH-reh)
close	chiudere (key-OO-deh-reh)
come	venire (vay-nEE-reh)
confirm	confermare (kohn-fayr-mAH-reh)
continue	continuare (kohn-tee-noo-AH-reh)
cost	costare (kohs-tAH-reh)
deliver	consegnare (kohn-say-ny-AH-reh)
direct	indicare (een-dee-kAH-reh)
do	fare (fAH-reh)

eat	mangiare (mahn-jee-AH-reh)
end	finire (fee-nEE-reh)
enter	entrare (ayn-trAH-reh)
examine	esaminare (ay-sah-mee-nAH-reh)
exchange	scambiare (skahm-bee-AH-reh)
feel	sentire (sayn-tEE-reh)
finish	finire (fee-nEE-reh)
fix	riparare (repair) (ree-pah-rAH-reh)
follow	seguire (say-goo-EE-reh)
forget	non-ricordare, dimenticare (nohn-ree-kohr-dAH-reh, dee-mehn-tee-kAH-reh)
forward	spedire (spay-dEE-reh)
get	ottenere (oht-teh-nAY-reh)
give	dare (dAH-reh)
go	andare (ahn-dAH-reh)
hear	sentire (sayn-tEE-reh)
help	aiutare (ah-ee-oo-tAH-reh)
keep	tenere (tay-nAY-reh)
know	sapere (fact) (sah-pAY-reh) conoscere (someone, something) (koh-nOH-shay-reh)
learn	apprendere (ahp-prAYn-deh-reh)
leave	partire (go out) (pahr-tEE-reh)
listen	ascoltare (ah-skohl-tAH-reh)
look	guardare (gooAHr-dAH-reh)
lose	perdere (pEHr-deh-reh)
make	fare (fAH-reh)
mean	significare (see-ny-ee-fee-kAH-reh)
meet	incontrare (een-kohn-trAH-reh)
miss	mancare (mahn-kAH-reh)
need	avere bisogno di (ah-vAY-reh bee-sOH-ny-oh dee)
open	aprire (ah-prEE-reh)
order	ordinare (ohr-dee-nAH-reh)
park	parcheggiare (pahr-kay-jee-AH-reh)
pay	pagare (pah-gAH-reh)
prefer	preferire (preh-fay-rEE-reh)
prepare	preparare (preh-pah-rAH-reh)
present	presentare (preh-sayn-tAH-reh)
prove	provare (pro-vAH-reh)
pull	tirare (tee-rAH-reh)
purchase	comprare (kohm-prAH-reh)
put	mettere (mAYt-tay-reh)
read	leggere (lEH-jeh-reh)
receive	ricevere (ree-chAY-vay-reh)

recommend	raccomandare (rAH-koh-mahn-dAH-reh)
remain	restare (rays-tAH-reh)
repair	riparare (ree-pah-rAH-reh)
repeat	ripetere (ree-pEH-teh-reh)
rest	riposare (ree-poh-sAH-reh)
return	ritornare (ree-tohr-nAH-reh)
run	correre (kOHr-ray-reh)
say	dire (dEE-reh)
see	vedere (vay-dAY-reh)
send	mandare (mahn-dAH-reh)
show	mostrare, indicare (mohst-rAH-reh, een-dee-kAH-reh)
sit	sedersi (say-dAYr-see)
speak	parlare (pahr-lAH-reh)
stand	alzarsi (ahl-tsAr-see)
start	cominciare (koh-meen-chee-AH-reh)
stop	fermare (fayr-mAH-reh)
take	prendere (prayn-dAY-reh)
talk	parlare (pahr-lAH-reh)
tell	dire (dEE-reh)
think	pensare (pehn-sAH-reh)
try	provare (proh-vAH-reh)
turn	girare (jee-rAH-reh)
use	utilizzare, servirsi di, usare (oo-teel-ee-tsAH-reh, sehr-vEEr-see dee, oo-sAH-reh)
visit	visitare (vee-see-tAH-reh)
wait	aspettare (ahs-peht-tAH-reh)
walk	camminare (kahm-mee-nAH-reh)
want	volere, desiderare, (voh-lAY-reh, day-see-day-rAH-reh)
wear	portare (pohr-tAH-reh)
work	lavorare (lah-voh-rAH-reh)
write	scrivere (skrEE-veh-reh)

Useful Adjectives and Adverbs

above/below	sopra/sotto (sOH-prah/sOHt-toh)
best/worst	migliore/peggiore (mee-ly-ee-OH-reh/peh-jee-OH-reh)
big/small	grande/piccolo[a] (grAHn-deh/pEE-koh-loh[ah])
early/late	presto/tardi (prEHs-toh/tAHr-dee)
easy/difficult	facile/difficile (fAH-chee-leh/deef-fEE-chee-leh)

few/many	pochi/molti (pOH-kee/mOHl-tee)
first/last	primo[a]/ultimo[a] (prEE-moh[ah]/OOl-tee-moh[ah])
front/back	anteriore/posteriore (ahn-teh-ree-OH-reh/pohs-teh-ree-OH-reh)
full/empty	pieno[a]/vuoto[a] (pee-AY-noh[ah]/voo-OH-toh[ah])
good/bad	buono[a]/cattivo[a] (boo-OH-noh[ah]/kaht-tEE-voh[ah])
hot/cold	caldo[a]/freddo[a] (kAHl-doh[ah]/frAYd-doh[ah])
high/low	alto[a]/basso[a] (AHl-toh[ah]/bAHs-soh[ah])
in front/in back	davanti/indietro (dah-vAHn-tee/een-dee-EH-troh)
inside/outside	dentro/fuori (dAYn-troh/fooOH-ree)
large/small	grande/piccolo[a] (grAHn-deh/pEE-koh-loh[ah])
more/less	più/meno (peeOO/mAY-noh)
near/far	vicino[a], prossimo[a]/lontano[a] (vee-chEE-noh[nah], prOH-see-moh[mah]/lohn-tAH-noh[nah])
old/new	vecchio[a]/nuovo[a] (vEHk-kee-oh/noo-OH-voh)
open/shut	aperto[ah]/chiuso[a] ([ah]-pEHr-toh[ah]/key-OO-soh[ah])
right/wrong	giusto[a]/sbagliato[a] (jee-OOs-toh[tah]/sbah-ly-AH-toh[tah])
slow/fast (adj.)	lento[a]/rapido[a] (lEHn-toh[tah]/rAH-pee-doh[dah])
slow/fast (adv.)	piano/presto (pee-AH-noh/prEHs-toh)
thin/thick	magro[a], fine/grosso[a], denso[a] (mAH-groh[grah], fEE-neh/grAH-soh[sah], dEHn-soh[sah])
to be right/wrong	avere ragione/avere torto (ah-vEH-reh rah-jee-OH-neh/ah/vEH-reh tOHr-teh)

Other Useful Words

a, an	un, uno, una (oon, OO-noh, OO-nah)
about	intorno (een-tOHr-noh)
across	attraverso (aht-trah-vEHr-soh)
after	dopo (dOH-poh)

again	un'altra volta, di nuovo (oon-AHl-trah vOHl-tah, dee noo-OH-voh)
all	tutto[a], tutti[e], (tOOt-toh[ah], tOO-tee[teh])
almost	quasi (kwAH-zee)
also	anche (AHn-keh)
always	sempre (sEHm-preh)
among	tra (trAH)
and	e (ay)
any	qualche (koo-AHl-keh)
another	un altro, un'altra (oon-AHl-troh, oon-AHl-trah)
around	intorno (een-tOHr-noh)
at	a, al, alla, etc. (ah, ahl, ahl-lah)
away	via (vEE-ah)
because	perchè (pehr-kAY)
before	prima di, davanti a (prEE-mah dee, dah-vAHn-tee ah)
behind	dietro a (dee-AY-troh)
between	fra (frAH)
both	tutti e due (toot-tee ay dOO-eh)
but	ma (mah)
down	giù (jee-OO)
each	ogni (OH-ny-ee)
enough	basta (bAHs-tah)
even if	anche se (AHn-keh seh)
every	ogni (OH-ny-ee)
except	eccetto (ay-chEH-toh)
few	pochi[e] (pOH-kee[keh])
for	per (pehr)
from	da, dal, dalla, etc. (dah, dahl, dahl-lah)
however	però (peh-rOH)
if	se (seh)
in	in, nel, nello, nella, etc. (een, nehl, nEHl-loh, nEH-lah)
instead	invece (een-vAY-cheh)
maybe	forse (fOHr-seh)
more	più (peeOO)
much	molto (mOHl-toh)
next to	vicino[a] (vee-chEE-noh[nah])
not	no, non (noh, nohn)
now	adesso/ora (ad-dEHs-soh/OH-rah)
of	di, dell, dello, della, etc. (dee, dehl, dEHl-loh, dEHl-lah)
often	spesso (spAYs-soh)
only	solamente (soh-lah-mEHn-teh)
or	o (oh)
other	altro[a] (AHl-troh[ah])

perhaps	forse (fOHr-seh)
same	stesso[a] (stAY-soh[ah])
since	poichè (poh-ee-kEH)
some	qualche (koo-AHl-keh)
still	ancora (ahn-kOH-rah)
that	che (kay)
these	questi[e] (koo-AYs-tee[ay])
this	questo[a] (koo-AYs-toh[ah])
to	a, al, alla, etc. (ah, ahl, AHl-lah)
unless	a meno che (ah mAY-noh keh)
until	fino a (fEE-noh ah)
very	molto (mohl-toh)
with	con (kohn)

Directions

North	il nord (eel nord)
South	il sud (eel sud)
East	l'est (lehst)
West	l'ovest (lOH-vehst)
Straight ahead	tutto diritto (tOO-toh dee-rEE-toh)
Left	sinistra (see-nEEs-trah)
Right	destra (dEHs-trah)
In the middle	in mezzo (een mEH-tsoh)

Days of the Week

Sunday	domenica (doh-mAY-nee-kah)
Monday	lunedì (loo-neh-dEE)
Tuesday	martedì (mahr-teh-dEE)
Wednesday	mercoledì (mehr-kok-leh-dEE)
Thursday	giovedì (jee-oh-veh-dEE)
Friday	venerdì (veh-nehr-dEE)
Saturday	sabato (sAH-bah-toh)
Today	oggi (OH-jee)
Yesterday	ieri (ee-EH-ree)
Tomorrow	domani (doh-mAH-nee)
Tonight	questa notte/stanotte (koo-AY-stah-nOHt-teh/stah-nOHt-teh)
Next week	la settimana prossima (lah seht-tee-mAH-nah prOH-see- mah)
Last week	la settimana passata (lah seht-tee-mAH-nah pahs-sAH-tah)
Next month	il mese prossimo (eel mAY-seh prOH-see-moh)
The day after tomorrow	dopodomani (dOH-poh-doh-mAH-nee)
This weekend	questa fine di settimana (koo-AYs-tah fEE-neh dee sayt-tee-mAH-nah)

What day is it today?	Che giorno è oggi? (kAY jee-OHr-noh EH OH-jee)
Today is _____.	Oggi è _____. (OH-jee EH)

Months of the Year

January	gennaio (jehn-nAH-ee-oh)
February	febbraio (fehb-brAH-ee-oh)
March	marzo (mAHr-tsoh)
April	aprile (ah-prEE-leh)
May	maggio (mAH-jee-oh)
June	giugno (jee-OO-ny-ee-oh)
July	luglio (lOO-ly-ee-oh)
August	agosto (ah-gOH-stoh)
September	settembre (seht-tEHm-breh)
October	ottobre (oht-tOH-breh)
November	novembre (noh-vEHm-breh)
December	dicembre (dee-chEHm-breh)
What's today's date?	Che data è oggi? (kay dAH-ta EH OH-jee)

The first of the month is *il primo* (an ordinal number). All other dates are expressed with *cardinal* numbers.

Today is August first.	Oggi è il primo di agosto. (OH-jee EH eel prEE-moh dee ah-gOH-stoh)
• fourth	• il quattro (eel koo-AHt-troh)
• 25th	• il venticinque (eel vayn-tee-chEEn-koo-eh)
This month	Questo mese (koo-AY-stoh mAY-seh)
Last month	Il mese scorso (eel mAY-seh skOHr-soh)
Next month	Il mese prossimo (eel mAY-seh prOHs-see-moh)
Last year	L'anno scorso (lAHn-noh skOHr-soh)
Next year	L'anno prossimo (lAHn-noh prOHs-see-moh)
May 1, 1876	Il primo maggio, mille otto-cento settanta sei (EEl prEE-moh mAH-jee-oh mEEl-leh oht-toh-chEHn-toh seht-tAHn-tah-sEH-ee)
July 4, 1984	Il quattro luglio, mille nove-cento ottanta quattro (eel koo-AHt-troh lOO-ly-ee-oh mEEl-leh noh-veh-chEHn-toh oht-tAHn-tah koo-AHt-troh)

The Four Seasons

Spring	la primavera (lah pree-mah-vEH-rah)
Summer	l'estate (leh-stAH-teh)
Fall	l'autunno (lah-oo-tOOn-noh)
Winter	l'inverno (leen-vEHr-noh)
How is the weather today?	Che tempo fa oggi? (kay tEHm-poh fAH OH-jee)
It's good (bad) weather.	Fa bel/cattivo tempo.(fah behl/kaht-tEE-voh tEHm-poh)
It's hot.	Fa caldo.(fah kAHl-doh)
• cold	• freddo (frAYd-doh)
• cool	• fresco (frAY-skoh)
It's windy.	Tira vento. (tEE-rah vEEn-toh)
It's sunny.	C'è il sole. (chEH eel sOH-leh)
It's raining.	Piove. (pee-OH-veh)
It's snowing.	Nevica. (nAY-vee-kah)
It's drizzling.	Pioviggina. (pee-oh-vEE-jee-nah

Time

What time is it?	Che ora è? (kay OH-rah EH)

When telling time in Italian, *it is* is expressed by **è** for 1:00, noon, and midnight, **sono** is used for all other numbers.

It's 1:00	È l'una. (eh lOO-nah)
It's 12 o'clock (noon).	È mezzogiorno.(eh meh-tsoh-jee-OHr-noh)
It's midnight.	È mezzanotte. (eh meh-tsah-nOHt-teh)
It's early/late.	È presto/tardi.(eh prEH-stoh/tAHr-dee)
It's 2:00.	Sono le due. (sOH-noh leh dOO-eh)
It's 3:00, etc.	Sono le tre. (sOH-noh leh trAY)

The number of minutes after the hour is expressed by adding **e** ("and"), followed by the number of minutes.

It's 4:10.	Sono le quattro e dieci.(sOH-noh leh koo-AHt-roh ay dee-EH-chee)
It's 5:20	Sono le cinque e venti. (sOH-noh leh chEEn-koo-eh ay vAYn-tee)

Fifteen minutes after the hour and half past the hour are expressed by placing *e un quarto* and *e mezzo* after the hour.

It's 6:15.	Sono le sei e un quarto. (sOH-noh leh sEH-ee ay oon koo-AHr-toh)
It's 7:30.	Sono le sette e mezzo. (sOH-noh leh sEHt-teh ay mEH-tsoh)

After passing the half-hour point on the clock, time is expressed in Italian by *subtracting* the number of minutes to the *next* hour.

It's 7:40.	Sono le otto meno venti. (sOH-noh leh OHt-toh mEH-noh vAY n-tee)
It's 8:50.	Sono le nove meno dieci. (sOH-noh leh nOH-veh mAY-noh dee-EH-chee)
At what time?	A che ora? (ah kay OH-rah)
At 1:00.	All'una (ahl-lOO-nah)
At 2:00/3:00, etc.	Alle due/tre (AHl-leh dOO-eh/ trAY)
A.M. (in the morning)	del mattino (dAYl-maht-tEE-noh)
P.M. (in the afternoon)	del pomeriggio (dAYl poh-meh-rEE-jee-oh)
At night.	Della notte. (dAYl-lah nOHt-teh)

Official time is based on the 24-hour clock. You will find train schedules and other such times expressed in terms of a point within a 24-hour sequence.

The train leaves at 15.30.	Il treno parte alle quindici a trenta. (eel trEH-noh pAHr-teh ahl-leh koo-EEn-dee-chee ay trEHn-tah)

Arrival/Hotel

My name is ____.	Mi chiamo ____. (mEE-eh keyAH-moh)
I'm American/ British, Australian/Ca-nadian.	Sono americano[a]/inglese/aus-traliano[a]/canadese. (sOH-noh ah-mehr-ree-KAh-noh[ah]/een-glAY-seh/ah-oo-strah-lee-AN-noh[ah]/kan-nah-dAY-seh).

I'm staying at ____.	Sto abitando a ____ . (stOH ah-bee- tAHn-doh ah)
Here is my ____.	Ecco il mio ____. (EHk-oh eel mEE-oh)
• passport	• passaporto (pahs-sah-pOHr-toh)
• business card	• la mia carta (la mEE-ah kAHr-tah)
I'm on a business trip.	Faccio un viaggio d'affari. (fAH-chee-oh oon vee-AH-jee-oh dahf-fAH-ree)
I'm just passing through.	Sono di passaggio. (sOH-noh dee pahs-sAH-jee-oh)
I'll be staying here for ____.	Ci sto abitando per ____ . (chee stoh-ah-bee-tAHn-doh pehr)
• a few days	• qualche giorni (koo-AHl-keh jee-OHr-nee)
• a week	• una settimane (oo-nah seht-tee-mAH-neh)
• a few weeks	• qualche settimana (koo-AHl-keh seht-tee-mAH-nah)
• a month	• un mese (oon mAY-seh)
I'm traveling to ____.	Faccio il viaggio fino a ____. (fAH-chee-oh eel vee-AH-jee-oh FEE-noh ah)
I have nothing to declare.	Non ho niente da dichiarare. (nohn oh neeEHn-tay dah dee-key-ah-rAH-reh)
I'd like to go to the ____ Hotel.	Vorrei andare all'albergo ____. (vohr-rEH-ee ahn-dAH-reh ahl ahl-bEHr-goh)
Where can I get a taxi?	Dove si trova un tassì? (dOH-veh see trOH-va oon tahs-sEE)
I have a reservation.	Ho prenotazione. (OH preh-noh-tah-tsee-OH-neh)
I need a room for one night.	Ho bisogno di una camera per una notte. (OH bee-sOH-ny-oh dee OO-nah kAH-meh-rah pehr OO-nah nOHt-teh)
I want a double room with a bath.	Vorrei una camera doppia con bagno. (vohr-rEH-ee OO-nah kAH-meh-rah dOH-pee-eh kohn-bAH-ny-oh)
What is the rate per night?	Quant'è la camera? (koo-AHnt-ay lah kAH-meh-rah)
Does that include breakfast?	È compresa la colazione? (ay kohm-prEH-sah lah Koh-lah-tsee-OH-neh)
Where is the elevator?	Dov'è l'ascensore? (doh-vEH lah-shehn-sOH-reh)

Please send up some mineral water.	Mi mandi una bottiglia d'acqua minerale, per favore. (mee mAHn-dee OO-nah boht-tEE-ly-ee-ah dAH-koo-ah mee-neh-rAHl-leh pehr fah-vOH-reh)
Please wake me tomorrow at ____.	Per favore, mi svegli alle ____ domani. (pehr fah-vOH-reh mee svay-ly-ee AH-leh doh-mAH-nee)
Are there any messages for me?	Ci sono messaggi per me? (chee sOH-no mehs-sAH-jee pehr may)
I'd like to leave this in your safe.	Vorrei lasciare questo nella sua cassaforte. (vohr-rEH-ee lah-shee-AH-reh koo-AYs-toh nEH-lah soo-ah kAH-sa-fOHR-teh)
Please make this call for me.	Mi faccia questa telefonata. (mee fAH-chee-ah koo-AYs-tah teh-leh-fOH-nah-tah)
Would you please send someone up for my bags?	Mi faccia scendere il bagaglio, per favore? (mee fAH-chee-ah shAYn-day-reh eel bah-gAH-ly-ee-oh pehr fah-vOH-reh)
I'd like to check out.	Vorrei pagare il conto e partire. (vohr-rEH-ee pah-gAH-reh eel kOHn-to ay pahr-tEE-reh)

Transportation

bus	autobus (ah-oo-toh-bOOs)
train	treno (trEH-noh)
metro	metropolitana (meh-troh-poh-lee-tAH-nah)
ticket	biglietto (bee-ly-ee-AY-toh)
station	stazione (stah-tsee-OH-neh)
map	carting (kahr-tEE-nah)
stop	fermata (fehr-mAH-tah)
taxi	tassì (tahs-sEE)
Where can I rent a car?	Dove posso noleggiare una macchina? (dOH-veh POHs-soh noh-leh-jee-AH-reh OO-nah mAHk-kee-nah)
I want/I'd like ____.	Voglio/Vorrei ____. (vOH-lyee-oh/vohr-rEH-ee)
• a small car	• una macchina piccola (OO-nah mAHk-kee-nah pEE-koh-lah)

• a large car	• una macchina grande (OO-nah mAHk-kee-nah grAHn-deh)
• a sport car	• una macchina sportiva (OO-nah mAHk-kee-nah spohr-tEE-vah)
I prefer automatic transmission.	Preferisco il cambio automatico. (preh-feh-rEE-skoh eel kAHm-bee-oh ah-oo-toh-mAH-tee-koh)
How much does it cost ____?	Quanto costa ____? (koo-AHn-toh kOH-stah)
• per day	• al giorno (ahl jee-OHr-noh)
• per week	• alla settimana (AHl-lah seht-tee-mAH-nah)
• per kilometer	• per chilometro (pehr key-lOH-meh-troh)
• for unlimited mileage	• a chilometraggio illimitato (ah key-loh-meh-trAH-jee-oh eel-lee-mee-tAH-toh)
How much is the complete insurance?	Quant'è l'assicurazione completa? (koo-ahn-tEH las-see-koo-rah-tsee-OH-neh kohm-plEH-tah)
Is gas included?	E inclusa la benzina? (EH een-kloo-sah lah behn-tsEE-nah)
Do you accept credit cards?	Accetta carte di credito? (ah-chEHt-tah kAHr-teh dee krEH-dee-toh)
Here's my (international) driver's license.	Ecco la mia patente (internazionale) di guida. (EHk-koh lah mEE-ah-pah-tEHn-teh (een-tehr-nah-tsee-oh-nAH-leh) dee goo-EE-dah)
Do I have to leave a deposit?	Devo lasciare un acconto/un deposito? (dAY-voh lah-shee-AH-reh oon ahk-kOHn-toh/oon day-pOH-see-toh)
Is there a drop-off charge?	C'è un supplemento per la consegna dell'auto? (chEH oon soo-pleh-mEHn-toh pehr lah kohn-seh-ny-ee-ah dayl-lAH-oo-toh)
I want to rent the car here and leave it in Turin.	Desidero noleggiare l'auto qui e consegnarla a Torino. (day-sEE-deh-roh noh-lay-jee-AH-reh lAH-oo-toh koo-EE ay kohn-say-ny-ee-AHr-lah ah toh-rEE-noh)

What kind of gasoline does it take?	Che tipo di carburante usa? (kay tEE-poh dee kahr-boo-rAHn-teh OO-sah)
Fill'er up with ____.	Faccia il pieno di ____. (fAH-chee-ah eel pee-AY-noh dee)
• diesel	• diesel (dEE-eh-sehl)
• regular (standard)	• normale (nohr-mAH-leh)
• super (premium)	• super (sOO-pehr)
Please check ____.	Per favore mi controlli ____. (pehr fah-vOH-reh mee kohn-trOHl-leh)
• the battery	• la batteria (lah baht-teh-rEE-ah)
• the carburetor	• il carburatore (eel kahr-boo-rah-tOH-reh)
• the oil	• l'olio (lOH-lee-oh)
• the spark plugs	• le candele (leh kahn-dAY-leh)
• the tires	• i pneumatici/le gomme (ee pnay-oo-mAH-tee-chee/leh gOHm-meh)
• the tire pressure	• la pressione delle gomme (lah prehs-see-OH-neh dAYl-leh gOHm-meh)
• the antifreeze	• l'acqua (lAH-koo-ah)
Change the oil (please).	Mi cambi l'olio, per favore. (mee kAHm-bee lOH-lee-oh pehr fah-vOH-reh)
Lubricate the car (please).	Mi lubrifichi la macchina, per favore. (mee loo-brEE-fee-key lah mAHk-kee-nah pehr fah-vOH-reh)
Charge the battery.	Mi carichi la batteria. (mee-kAH-ree-key lah baht-teh-rEE-ah)
Change this tire.	Mi cambi questa ruota. (mee kAHm-bee koo-AY-stah roo-OH-tah)
Wash the car.	Mi faccia il lavaggio alla macchina. (mee fAH-chee-ah eel lah-vAH-jee-oh AHl-lah mAHk-kee-nah)
Where are the restrooms?	Dove sono i gabinetti? (dOH-veh sOH-noh ee gah-bee-nAYt-tee)
Where is my hotel on this map?	Dov'è il mio albergo sulla cartina? (dov-vEH eel mEE-oh ahl-bEHr-goh sOO-lah khar-tEE-nah)

Drivers should be familiar with these universal road signs:

Guarded railroad crossing

Yield

Stop

Right of way

Dangerous intersection ahead

Gasoline (petrol) ahead

Parking

No vehicles allowed

Dangerous curve

Pedestrian crossing

Oncoming traffic has right of way

No bicycles allowed

No parking allowed

No entry

No left turn

No U-turn

No passing

Border crossing

Traffic signal ahead

Speed limit

Traffic circle (roundabout) ahead

Minimum speed limit

All traffic turns left

End of no passing zone

SENSO UNICO

One-way street

DEVIAZIONE

Detour

Danger ahead

Entrance to expressway

Expressway ends

Where is the bus stop?/the bus terminal?	Dov'è la fermata dell'autobus?/ il capolinea? (dov-vEH lah fehr-mAH-tah dayl-lAH-oo-toh-boos/eel kah-poh-lEE-neh-ah)
In which direction do I have to go?	In quale direzione devo andare? (een koo-AH-leh dee-reh-tsee-neh dAY-voh ahn-dAH-reh)
Where is the subway station?	Dov'è la stazione della metro-politana? (doh-vEH lah stah-tsee-OH-nee dAYl-lah meh-troh-poh-lee-tAH-nah)
How much is the fare?	Quanto costa il biglietto? (koo-AHn-toh kOH-stah eel bee-ly-ee-AYt-toh)
Where can I buy a ticket?	Dove posso comprare un biglietto? (dOH-veh pOHs-soh kohm-prAH-reh oon bee-ly-ee-AYt-toh)

Which is the train that goes to ____?	Qual è il treno che va a ____? (koo-ahl-lEH eel trEH-noh keh vah ah)
Does this train go to ____?	Questo treno va a ____? (koo-AYs-toh trEH-noh vAH ah)
Please tell me when we get there.	Può farmi sapere quando siamo arrivati. (poo-OH fAHr-mee sah-pAY-reh koo-AHn-doh see-AH-moh ahr-rEE-vah-tee)
Do I have to change trains?	Devo cambiare treno? (dAY-voh kahm-bee-AH-reh trEH-noh)
Is this seat taken?	È occupato questo postp? (EH oh-koo-pAH-toh koo-AYs-toh pOH-stoh)
Taxi! Are you free?	Tassì! È libero? (tahs-sEE EH lee-beh-roh)
Take me to this address.	Mi porti a questo indirizzo. (mee pOHr-tee ah koo-AYs-toh een-dee-rEE-tsoh)
How much is it?	Qual è la tariffa? (koo-ah-lEH lah tah-rEE-fah)
Faster. I'm in a hurry.	Più presto. Ho fretta.(pee-OO prEH-stoh. . .oh frAYt-tah)
Please drive slower.	Per cortesia guidi più piano. (pehr kohr-tay-sEE-ah goo-EE-dee pee-OO pee-AH- noh)
When is there a flight to ____?	Quando c'è un volo per ____? (koo-AHn-doh chEH oon vOH-loh pehr)
I would like ____.	Vorrei ____. (vohr-rEH-ee)
• a round trip/one-way ticket.	• un biglietto di andata e ritorno/di andata (oon bee-ly-ee-AYt-toh dee ahn-dAH-tah ay ree-tOHr-noh/dee ahn-dAH-tah)
• in tourist class	• in classe turistica (een klAHs-seh too-rEE-stee-kah)
• in first class	• in prima classe (een prEE-mah klAHs-seh)
I would like a seat ____.	Vorrei un posto ____. (vohr-rEH-ee OOn pOH-stoh)
• in the non/smoking section	• tra i non/fumatori (trAH ee nohn/foo-mah-tOH-ree)
• next to the window	• accanto al finestrino (ah-kAHn-toh ahl fee-neh-strEE-noh)
• on the aisle	• vicino al corridoio (vee-chEE-noh ahl kohr-ree-dOH-ee-oh)

What is the fare?	Qual è il prezzo del biglietto? (koo-ah-lEH eel prEH-tsoh dAYl bee-ly-ee-EHt-toh)
Are meals served?	Sono inclusi i pasti? (sOH-noh een-klOO-see ee pAH-stee)
When does the plane leave/arrive?	A che ora parte/arriva l'aereo? (ah kay OH-rah pAHr-teh/ahr-ree-vAH lah-EH-reh-oh)
When must I be at the airport?	Quando dovrò trovarmi all'aeroporto? (koo-AHn-doh doh-vrOH troh-vAHr-mee ahl-lah-eh-roh-pOHr-toh)
What is my flight number?	Qual è il [mio] numero di volo? (koo-AH-lEH eel [mEE-oh] nOO-meh-roh dee vOH-loh)
What gate do we leave from?	Qual è la nostra porta d'uscita? (koo-ah-lEH lah nOH-strah pOHr-tah doo-shEE-tah)
I want to confirm/cancel my reservation for flight ___.	Desidero confermare/cancellare la mia prenotazione per il volo ___. (day-sEE-deh-roh kohn-fayr-mAH-reh/kahn-chehl-lAH-reh lah mEE-ah preh-noh-tah-tsee-OH-neh pehr eel vOH-loh)

Leisure Time

Is there a discotheque here?	C'è una discoteca qui? (chEE OO-nah dee-skoh-tEH-kah koo-EE)
Is there one at the hotel?	C'è una in albergo? (chEE OO-nah een ahl-bEHr-goh)
I would like to make a reservation.	Vorrei fare una prenotazione. (vohr-rEH-ee fAH-reh OO-nah preh-noh-tah-tsee-OH-neh)
Where is the check-room?	Dov'è il guardaroba? (doh-vEH-eel goo-ahr-dah-rOH-bah)
Where can I find an English newspaper?	Dove posso trovare un giornale in inglese? (dOH-veh pOHs-soh troh-vAH-reh oon jee-ohr-nAH-leh een een-glAY-seh)
I would like to see a soccer match.	Vorrei vedere una partita di calcio. (vohr-rEH-ee veh-dAY-reh OO-nah pahr-tEE-tah dee kAHl-chee-oh)
Where can I buy the tickets?	Dove posso comprare dei biglietti? (dOH-veh pOHs-soh kohm-prAH-reh dAY bee-ly-ee-AYt-tee)

Where is the stadium?	Dov'è lo stadio? (doh-vEH loh stAH-dee-oh)
What teams are going to play?	Quali squadre giocheranno? (koo-AH-lee skoo-AH-dreh jee-oh-keh-rAHn-noh)
Is there a pool near the hotel?	C'è una piscina nell'hotel? (chEE OO-nah pee-shEE-nah nAYl-loh-tEHl)
How far is ___?	Quanto dista ___? (koo-AHn-toh dEE-stah)

Restaurants

Breakfast	colazione (koh-lah-tsee-OH-neh)
Lunch	pranzo (prAHn-tsoh)
Dinner	cena (chEE-nah)
Excuse me, do you know a good restaurant?	Scusi, conosce un buon ristorante? (skOO-see koh-nOH-sheh OOn boo-OHN ree-stoh-rAHn-teh)
Is it very expensive?	È molto costoso? (eh mohl-toh koh-stOH-soh)
Waiter!	Cameriere! (kah-meh-ree-EH-reh)
We would like to have lunch.	Vorremmo pranzare. (vohr-rAYm-moh prahn-ts AH-reh)
The menu, please.	Il menu, per piacere. (eel may-noo pehr pee-ah-chAY-reh)
What's today's special?	Qual è il piatto del giorno? (koo-ah-lEH eel pee-AHt-toh dayl jee-OHr-noh)
What do you recommend?	Che cosa mi consiglia lei? (kay kOH-sah mee kohn-sEE-ly-ee-ah lEY-ee)
To begin with, bring us a cocktail.	Per cominciare, ci porti un cocktail. (pehr koh-meen-chee-AH-reh chee pOHr-tee oon kOHk-tayl)
A table for two, please.	Una tavola per due, per favore. (OO-nah tAH-voh-la pehr dOO-eh pehr feh-vOH-reh)
A bottle of • mineral water.	Una bottiglia d'acqua minerale • gassata. (oo-nah boht-tEE-ly-ee-ah dAH-koo-ah mee-neh-rAH-leh gahs-sAH-tah)
• a beer	• birra (bEEr-rah)
I would like to order now.	Vorrei ordinare adesso. (vohr-rEH-ee ohr-dee-nAH-reh ah-dEHs-soh)

Do you have a house wine?	Hanno il vino della casa? (AHn-noh eel vEE-noh dAYl-lah kAH-sah)
Waiter, we need ____.	Cameriere/a, abbiamo bisogno di ____. (kah-meh-ree-EH-reh/ah ahb-bee-AH-moh bee-sOH-ny-oh dee)
• a knife	• un coltello (oon kohl-tEHl-loh)
• a fork	• una forchetta (oo-nah fohr-kAYt-tah)
• a spoon	• un cucchiaio (oon koo-key-AH-ee-oh)
• a teaspoon	• un cucchiaino (oon koo-key-ah-EE-noh)
• a soup spoon	• un cucchiaio per la minestra/il brodo (oon koo-key-AH-ee-oh pehr lah mee-nEHs-trah/eel brOH-doh)
• a glass	• un bicchiere (oon bee-key-EH-reh)
• a cup	• una tazza (oo-nah tAH-tsah)
• a saucer	• un piattino (oon pee-aht-tEE-noh)
• a plate	• un piatto (oon pee-AHt-toh)
• a napkin	• un tovagliolo (oon tah-vah-ly-ee-OH-loh)
• toothpicks	• gli stuzzicadenti (ly-ee stOO-tsee-kah-dEHn-tee)
I would like an espresso, please.	Vorrei un espresso, per favore. (vohr-rEH-ee oon ehs-prEHs-soh pehr fah-vOH-reh)
Do you mind if I smoke?	Le dispiace se fumo? (leh dee-spee-ah-cheh sey fOO-moh)
Do you have a light/matches?	Ha un accendino/un fiammi-fero? (ah oon ah-chayn-dEE-noh/oon fee-ahm-mEE-feh-roh)
The check, please.	Il conto, per favore. (eel kOHn-toh pehr fah-vOH-reh)
Is the service included?	È incluso il servizio? (EH een-klOO-soh eel sehr-vEE-tsee-oh)
I don't think the bill is right.	Non penso che il conto sia corretto. (nohn pEHn-soh kay eel kOHn-toh sEE-ah kor-rEHt-toh)
Do you take credit cards?	Accettano carte di credito? (ah-chEHt-tah-noh kAHr-teh dee krEH-dee-toh)

Which ones?	Quale? (koo-AH-leh)
We're in a hurry.	Abbiamo fretta. (ahb-bee-AH-moh frAYt-tah)
Do you have American cigarettes?	Ha sigarette americane? (AH see-gah-rAY-teh ah-meh-ree-kAH-neh)
What brand?	Di che marca? (dee kay mAHr-kah)
Where are the restrooms?	Dove sono i gabinetti? (dOH-veh sOH-noh ee gah-bee-nAYt-tee)

Shopping

Where can I find ____?	Dove si trova ____? (dOH-veh see trOH-vah)
Can you help me?	Lei può aiutarmi? (lay poo-OH ah-ee-oo-tAHr-mee)
I need ____.	Ho bisogno di ____. (oh bee-sOH-ny-oh dee)
Do you have any others?	Ci sono altri ____? (chee sOH-noh AHl-tree)
Do you take credit cards?	Si accettano le carte di credito? (see ah-chEHt-tah-noh lay kAHr-teh dee krEH-dee-toh)
Can I pay with a traveler's check?	Posso pagare con un traveler's check? (pOHs-soh pah-gAH-reh kohn oon trAH-veh-lehs chEH-keh)
How much does ____ cost?	Quanto costa ____? (koo-AHn-toh kOHs-tah)
Do you have anything ____?	Ha qualche cosa ____? (AH koo-AHl-keh kOH-sah)
• smaller	• più piccolo (pee-OO pEE-koh-loh)
• larger	• più grande (pee-OO grAHn-deh)

Medical Care

Where is the nearest pharmacy?	Dov'è la farmacia più vicina? (doh-vEH lah fahr-mah-chEE-ah pee-OO vee-chEE-nah)
I need something for a ____.	Ho bisogno di qualche cosa per ____. (oh bee-sOH-ny-ee-oh dee koo-AHl-keh kOH-sah pehr)
• a cold	• il raffreddore (eel rah-frehd-dOH-reh)
• constipation	• la stitichezza (la stee-tee-kAY-tsah)
• a cough	• la tosse (lah tOH-seh)

• a headache	• il mal di testa (eel mAHl dee-tEH-stah)
• insomnia	• i'insonnia (leen-sOHn-nee-ah)
• a toothache	• il mal di denti (eel mAHl dee dEHn-tee)
• an upset stomach	• il mal di stomaco (eel mAHl dee-stOH-mah-koh)
I don't feel well.	Non mi sento bene. (nohn mee sEHn-toh bEH-neh)
I need a doctor right away.	Ho bisogno urgente del medico. (oh bee-sOH-ny-ee-oh oor-jEHn-teh dayl mEH-dee-koh)
Do you know a doctor who speaks English?	Conosce un dottore che parla inglese? (koh-nOH-sheh oon doht-tOH-reh kay pAHr-lah een-glAY-seh)
Where is his office/surgery?	Dov'è il suo ambulatorio? (doh-vEH eel sOO-oh ahm-boo-lah-tOH-ree-oh)
I have a pain in my chest.	Ho un dolore al petto. (oh oon doh-lOH-reh ahl pEHt-toh)
I had a heart attack.	Ho avuto un attacco cardiaco. (oh ah-vOO-toh oon ah-tAHk-koh kahr-dEE-ah-koh)
I am taking this medicine.	Sto prendendo questa medicina. (stOH prehn-dEHn-doh koo-AY-stah meh-dee-chEE-nah)
Do I have to go to the hospital?	Devo andare in ospedale? (dAY-voh ahn-dAH-reh een oh-speh-dAH-leh)
I have a toothache. Could you recommend a dentist?	Ho un mal di denti. Può raccomandarmi un dentista? (oh oon mAHl dee dEHn-tee. poo-OH rahk-koh-mahn-dAHr-mee oon dehn-tEE-stah)
I've broken these glasses.	Misi è rotta questi occhiali.
Can you replace them quickly?	Può darmene un'altro subito? (Mee see-EH rOHt-tah koo-AYs-tee oh-key-AH-lee.) (Poo-OH dAHr-meh-neh oon-nAHl-trah sOO-bee-toh)

Telephones

Where is ____?	Dov'è ____? (doh-vEH)
• a public telephone	• un telefono pubblico? (oon teh-lEH-foh-noh pOOb-blee-koh)

• a telephone booth	• una cabina telefonica? (OO-nah kah-bEE-nah teh-leh-fOH-nee-kah)
• a telephone directory	• un elenco telefonico? (oon eh-lEHn-koh teh-leh-fOH-nee-koh)
May I use your phone?	Posso usare il suo telefono? (pOHs-soh oo-sAH-reh eel sOO-oh teh-lEH-foh-noh)
Can I call direct?	Posso telefonare direttamente? (pOHs-soh teh-leh-foh-nAH-reh dee-reht-tah-mEHn-teh)
I want to reverse the charges.	Desidero fare una riversibile. (deh-sEE-deh-roh fAH-reh oo-nah ree-vehr-sEE-bee-leh)
Do I need tokens for the phone?	Occorrono i gettoni per il telefono? (ohk-kOHr-roh-noh ee jeht-tOH-nee pehr eel teh-lEH-foh-noh)
I want to make a ____ to ____.	Vorrei fare ____ a ____. (vohr-rEH-ee fAH-reh OO-nah ah)
• local call	• telefonata urbana (teh-leh-foh-nAH-tah oor-bAH-nah)
• long-distance call	• una telefonata in teleselezione/interurbana, internazionale (OO-nah teh-leh-foh-nAH-tah een teh-leh-seh-leh-tsee-OH-neh/een-tehr-oor-bAH-nah, een-tehr-nah-tsee-oh-nAH-leh)
• person-to-person	• una telefonata diretta con preavviso (OO-nah teh-leh-foh-nAH-tah dee-rEHt-tah kohn preh-ahv-vEE-soh)
How do I get the operator?	Come si ottiene il centralino? (kOH-meh see oht-tee-EH-neh eel chehn-trah-lEE-noh)
Operator, can you give me ____?	Signorina (Signore) può darmi ____? (see-ny-oh-rEE-nah [see-ny-OH-reh] poo-OH dAHr-mee)
• number 23 345	• il ventitre trecentoquarantacinque (eel vayn-tee-trEH treh-chEHn-toh-koo-ah-rahn-tah-chEEn-koo-eh)
• extension 19	• interno diciannove (een-tEHr-noh dee-chee-ahn-nOH-veh)
• area code	• prefisso numero (preh-fEEs-soh nOO-meh-roh)

• country code	• prefisso internazionale (preh-fEEs-soh een-tehr-nah-tzee-oh-nAH-leh)
• city code	• prefisso interurbano (preh-fEEs-soh een-tehr-oor-bAH-noh)
My number is ____.	Il mio numero è ____. (eel mEE-oh nOO-meh-roh EH)
May I speak to ____?	Potrei parlare con ____? (poh-trEH-ee pahr-lAH-reh kohn)
I want to leave a message.	Vorrei lasciare un messagio. (vohr-rEH-ee lah-shee-AH-re oon mehs-sAH-jee-oh)
I was cut off.	È caduta la linea (ay kah-dOO-tah lah lEE-neh-ah)

Postal Service

Post Office	l'ufficio postale (loof-fEE-chee-oh poh-stAH-leh)
a post card	una cartolina postale (OO-nah kahr-toh-lEE-nah poh-stAl)
a letter	una lettera (OO-nah lAYt-teh-rah)
a telegram	un telegramma (oon teh-leh-grAHm-ah)
an airmail letter	una lettera via aerea (OO-nah lAYt-teh-rah vEE-ah ah-EH-reh-ah)
a registered letter	una lettera raccomandata (OO-nah lAYt-teh-rah rahk-koh-mahn-dAH-tah)
a package	un pacchetto (oon pah-kAYt-toh)
a special delivery letter	una lettera espresso (OO-nah lAYt-teh-rah ehs-prEHs-soh)
I would like to buy some stamps.	Vorrei comprare dei franco-bolli. (Vohr-rEH-ee kohm-prAH-reh day frahn-koh-bOHl-lee)
Which is the window?	Qual è lo sportello? (koo-ah-lEH loh spohr-tEHl-loh)
What is the postage to the United States/Canada/England/Australia?	Qual è l'affrancatura per gli Stati Uniti/Canada/Inghilterra/Australia? (koo-ah-lEH lahf-frahn-kah-tOO-rah per ly-ee stAH-tee oo-nEE-tee/kah-nah-dAH/een-gheel-tEHr-rah/ahoo-strAH-lee-ah)

I would like to mail a letter.	Vorrei spedire una lettera (vohr-rEH-ee spay-dEE-reh OO-nah lAYt-teh-rah)
Where is a letterbox?	Dov'è una cassetta postale? (doh-vEH oo-nah kas-sAYt-tah poh-stAH-leh)
I would like to send a telegram.	Vorrei mandare un telegramma. (vohr-rEH-ee mahn-dAH-reh oon teh-leh-grAMm-mah)
How late is the office open?	L'ufficio sta aperto fino a tardi? (loof-fEE-che-oh stah ah-pEHr-toh fEE-noh ah tAHr-dee)
How much is it per word?	Quanto costa la parola? (koo-AHn-toh kOH-stah lah pah-rOH-lah)

Signs

Acqua [non]potabile	(Not) potable water
Affito	For rent
Alt	Stop
Aperto	Open
Ascensore	Elevator (Lift)
Attenzione	Caution, watch out
Avanti	Enter (come in, go, walk [at the lights])
Caldo or "C"	Hot
Cassiere	Cashier
Chiuso	Closed
Divieto di sosta	No parking
Divieto di transito	No entrance, keep out
Donne Entrata	Ladies' Entrance
Freddo or "F"	Cold
Gabinetti (WC)	Toilets
Informazione	Information
Ingresso	Entrance
Libero	Vacant
Non calpestare le aiuole	Keep off the grass
Non Entrate	Do Not Enter
Non Fumate	No Smoking
Non ostruire l'ingresso	Don't block entrance
Non toccare	Hands off, don't touch
Occupato	Occupied
Pericolo	Danger
Privato	Private

Riservato	Reserved
Si affitta/si loca	For rent
Si vende	For sale
Signora	Women's room
Signore	Men's room
Spingere	Push
Strada privata	Private road
Tirare	Pull
Uomini	Men
Uscita	Exit
Vendite	For sale
Vietato fumare	No smoking
Vietato nuotare	No bathing
Vietato sputare	No spitting

Numbers

Cardinal Numbers

0	zero (tsEH-roh)
1	uno (OO-noh)
2	due (dOO-eh)
3	tre (trEH)
4	quattro (koo-AHt-troh)
5	cinque (chEEn-koo-eh)
6	sei (sEH-ee)
7	sette (sEHt-teh)
8	otto (OHt-to)
9	nove (nOH-veh)
10	dieci (dee-EH-chee)
11	undici (OOn-dee-chee)
12	dodici (dOH-dee-chee)
13	tredici (trEH-dee-chee)
14	quattordici (koo-aht-tOHr-dee-chee)
15	quindici (koo-EEn-dee-chee)
16	sedici (sAY-dee-chee)
17	diciassette (dee-chee-ahs-sEHt-teh)
18	diciotto (dee-chee-OHt-toh)
19	diciannove (dee-chee-ahn-nOH-veh)
20	venti (vAYn-tee)
21	ventuno (vayn-tOO-noh)
22	ventidue (vayn-tee-dOO-eh)
23	ventitrè (vayn-tee-trEH)
24	ventiquattro (vayn-tee-koo-AHt-troh)
25	venticinque (vayn-tee-chEEn-koo-eh)
26	ventisei (vayn-tee-sEH-ee)
27	ventisette (vayn-tee-sEHt-teh)

28	ventotto (vayn-tOHt-toh)
29	ventinove (vayn-tee-nOH-veh)
30	trenta (trEHn-tah)
40	quaranta (koo-ah-rAHn-tah)
50	cinquanta (cheen-koo-AHn-tah)
60	sessanta (sehs-sAHn-tah)
70	settanta (seht-tAHn-tah)
80	ottanta (oht-tAHn-tah)
90	novanta (noh-vAHn-tah)
100	cento (chEHn-toh)
101	centouno (chEHn-toh OO-noh)
102	centodue (chEHn-toh dOO-eh)
200	duecento (doo-eh-chEHn-toh)
300	trecento (treh-chEHn-toh)
400	quattrocento (koo-aht-troh-chEHn-toh)
500	cinquecento (cheen-koo-eh-chEHn-toh)
600	seicento (seh-ee-chEHn-toh)
700	settecento (seht-teh-chEHn-toh)
800	ottocento (oht-toh-chEHn-toh)
900	novecento (noh-veh-chEHn-toh)
1,000	mille (mEEl-leh)
2,000	duemila (dOO-eh mEE-lah)
3,000	tremila (trEH-mEE-lah)
4,000	quattromila (koo-AHt-troh-mEE-lah)
5,000	cinquemila (chEEn-koo-eh-mEE-lah)
6,000	seimila (sEH-ee-mEE-lah)
7,000	settemila (seHt-teh-mEE-lah)
8,000	ottomila (OHt-toh-mEE-lah)
9,000	novemila (nOH-veh-mEE-lah)
10,000	diecimila (dee-EH-chee-mEE-lah)
20,000	ventimila (VAYn-tee-mEE-lah)
30,000	trentamila (trEHn-tah-mEE-lah)
40,000	quarantamila (koo-ah-rAHn-tah-mEE-lah)
50,000	cinquntamila (cheen-koo-AHn-tah-mEE-lah)
60,000	sessantamila (sehs-SAHn-tah-mEE-lah)
70,000	settantamila (seht-tAHn-tah-mEE-lah)
80,000	ottantamila (oht-tAHn-tah-mEE-lah)
90,000	novantamila (noh-vAHn-tah-mEE-lah)
100,000	centomila (chEHn-toh-mEE-lah)

200,000	duecentomila (doo-eh-cEHn-toh-mEE-lah)
300,000	trecentomila (treh-chEHn-toh-mEE-lah)
400,000	quatrocentomila (koo-aht-troh-chEHn-toh-mEE-lah)
500,000	cinquecentomila (cheen-koo-eh-chEHn-toh-mEE-lah)
600,000	seicentomila (seh-ee-chEHn-toh-mEE-lah)
700,000	settecentomila (seht-teh-chEHn-toh-mEE-lah)
800,000	ottocentomila (oht-toh-chEEn-toh-mEE-lah)
900,000	novecentomila (noh-veh-chEEn-toh-mEE-lah)
1,000,000	un milione (OOn mee-lee-OH-neh)
2,000,000	due milioni (dOO-eh mee-lee-OH-nee)
10,000,000	dieci milione (dee-EH-chee mee-lee-OH-neh)
100,000,000	cento milione (chEHn-toh mee-lee-OH-neh)
1,000,000,000	un miliardo (mee-lee-AHr-doh)

Ordinal Numbers

1°	primo (prEE-moh)
2°	secondo (seh-kOHn-doh)
3°	terzo (tEHr-tsoh)
4°	quarto (koo-AHr-toh)
5°	quinto (koo-EEn-toh)
6°	sesto (sEHs-toh)
7°	settimo (sEHt-tee-moh)
8°	ottavo (oht-tAH-voh)
9°	nono (nOH-noh)
10°	decimo (dEH-chee-moh)
the last one	l'ultimo (lOOl-tee-moh)
once	una volta (oo-nah vOHl-tah)
twice	due volte (dOO-eh vOHl-teh)
three times	tre volte (trEH-vOHl-teh)

Quantities

half of _____	la metà di _____ (lah meh-tAH dee)
half of the money	la metà dei soldi (lah meh-tAH day-ee sOHl-dee)
half a _____	mezzo _____ (mEH-tsoh)
half a kilo	mezzo chilo (mEH-tsoh kEE-loh)

a fourth (quarter)	un quarto (oon koo-AHr-toh)
a dozen	una dozzina (oo-nah doh-tsEE-nah)
a dozen oranges	una dozzina d'arance (oo-nah doh-tsEE-nah dah-rAHn-cheh)
100 grams	un etto (oon EHt-toh)
200 grams	due etti (dOO-eh EHt-tee)
350 grams	tre etti e mezzo (treh EHt-tee ay mEH-tsoh)
a pair/of	un paio/di (oon pAH-ee-oh/dee)
a pair of shoes	un paio di scarpe (oon pAH-ee-oh dee skAHr-peh)

Useful Italian Abbreviations

AA	Azienda Autonoma di Soggiorno e Turismo	Local Tourist Information Center
ACI	Automobile Club d'Italia	Automobile Club of Italy
Cap.	Capuluogo	Province
C.P.	Casetta Postale	Post Office Box
CAP	Codice Postale	Zip Code
ENIT	Ente Nazionale per il Turismo	Italian State Tourist Office
EPT	Ente Provinciale per il Turismo	Provincial Tourist Information Center Inc.
F.lli.	Fratelli	Brothers
FS	Ferrovie dello Stato	Italian State Railways
IVA	Imposte sul Valore Aggiunto	Italian State Tax
L.	Lire	Italian currency
N., n°	Numero	Number
Pro Loco	Ente Locale per il Turismo	Local Tourist Information Office
Prov.	Provincia	Province
P.za	Piazza	(City) Square
S.	San, Santo(a)	Saint
S.A.	Società Anonima	Inc.
Sig.	Signor	Mr.
Sig.na	Signorina	Miss
Sig.ra	Signora	Mrs.
TCI	Touring Club Italiano	Italian Touring Club
v.	Via	Street
v.le	Viale	Boulevard

BUSINESS DICTIONARY

ENGLISH TO ITALIAN

A

abandon (v) abbandonare
abandonment l'abbandono
abatement lo sconto, la riduzione
ability-to-pay concept il concetto di solvibilità
above par sopra la pari
above-mentioned il summenzionato, il succitato
above-the-line oltre la linea
absentee ownership il proprietario assente
absenteeism l'assenteismo
absorb (v) assorbire
absorb the loss (v) assorbire la perdita
absorption costing la capitalizzazione dei costi fissi nel costo dell'inventario
abstract of title il compendio del documento probatorio della titolarità di diritti
accelerated depreciation l'ammortamento accelerato
acceleration clause la clausola d'accelerazione
acceleration premium il premio d'accelerazione
accept (v) accettare
acceptable quality level il livello di qualità accettabile
acceptance l'accettazione
acceptance agreement l'accordo d'accettazione, la convenzione d'accettazione
acceptance bill l'accetazione cambiaria
acceptance credit il credito d'accettazione
acceptance house la casa di accettazione
acceptance sampling la campionatura per accettazione
acceptance test l'esame d'accettazione
acceptor l'accettante
accession rate il tasso d'adesione
accidental damage il danno accidentale

accommodation bill la cambiale di comodo

accommodation credit la facilitazione d'appoggio creditizio

accommodation endorsement la girata di comodo

accommodation paper la cambiale di comodo

accommodation parity la parità di comodo

accommodation platform la piattaforma di comodo

accompanied goods i beni accompagnati

accord and satisfaction l'accordo e la soddisfazione

account il conto

account balance il saldo contabile

account, current il conto corrente

account day il giorno di liquidazione

account executive la persona responsabile per un prodotto e/o un cliente

account for (v) essere responsabile per

account number il numero di conto

account period la periodicità del conto

accountability la responsabilità

accountant il contabile

accountant, chief il capo contabile

accounting, cost la contabilità dei costi, la contabilità industriale

accounting department la contabilità, il reparto contabilità

accounting, management la contabilità amministrativa

accounting method il sistema contabile, il sistema di contabilità

accounting period il periodo contabile, il periodo di contabilità

accounting ratio il rapporto di contabilità

accounts, group i conti di gruppo, il raggruppamento dei conti

accounts payable i conti debitori

accounts receivable i conti creditori

accounts, secured i conti garantiti, i crediti garantiti

accretion l'accrescimento

accrual la maturazione

accrual method il sistema di competenza

accrue (v) derivare, maturare
accrued assets gli attivi maturati
accrued depreciation l'ammortamento maturato
accrued expenses le spese maturate
accrued interest l'interesse maturato
accrued revenue il reddito maturato
accrued taxes le tasse maturate
accumulated depreciation il fondo ammortamento
acid-test ratio il rapporto di liquidità
acknowledge (v) ammettere, riconoscere
acknowledge receipt of (v) accusiamo ricezione di
acoustic coupler l'innesto acustico
acquire (v) ottenere, acquistare
acquired rights i diritti acquisiti
acquisition l'acquisto, la compra
acquisition profile il profilo di acquisizione, il profilo d'acquisto
acreage allotment l'allocazione del terreno
acronym l'acronimo, la sigla
across-the-board settlement la risoluzione generale
across-the-board tariff negotiation il negoziato tariffaro generale
act of God la forza maggiore
action plan il piano d'azione
action research la ricerca di azione
active account il conto operativo
active assets gli utili attivi
active debt il debito attivo
active trust il fondo d'investimento
activity chart il diagramma delle attività
activity on arrow il piano di immediata esecuzione
actual attuale, effettivo
actual cash value il valore effettivo a pronti
actual costs i costi effettivi, i costi reali
actual income il reddito effettivo
actual liability la passività effettiva, il responsabilità effettiva
actual market volume il volume effettivo di mercato
actual total loss la perdita totale effettiva

actuary l'attuario

add-on sales le vendite aggiunte

addendum l'addendo, l'aggiunta, l'appendice

address commission la commissione di raccomandazione

adjudge (v) aggiudicare

adjudication l'aggiudicazione

adjust (v) aggiustare

adjustable peg il sistema di parità variabile

adjusted CIF price il prezzo CIF rettificato

adjusted earned income l'introito rettificato

adjusted rate il tasso rettificato

adjusting entry la scrittura contabile correttiva

adjustment process la procedura di regolamento

adjustment trigger l'evento determinante lo scatto del processo di aggiustamento

administration l'amministrazione

administrative amministrativo

administrative expense la spesa amministrativa

administrator l'amministratore

administratrix l'amministratrice

advance (v) avanzare, anticipare

advance freight il nolo anticipato

advance notice il preavviso

advance payments i pagamenti anticipati

advance refunding il rimborso anticipato

advantage, competitive il vantaggio competitivo

adverse balance il bilancio negativo

advertisement (request) for bid la richiesta d'appalto, il bando d'appalto

advertising la pubblicità

advertising agency l'agenzia pubblicitaria

advertising budget il preventivo pubblicitario

advertising campaign la campagna pubblicitaria

advertising drive la spinta pubblicitaria

advertising expenses le spese pubblicitarie

advertising manager il direttore della pubblicità, il direttore pubblicitario

advertising media i mezzi di pubblicità

advertising research   lo studio pubblicitario

advice note   la nota d'avviso

advise (v)   avvisare

advisory council   l'organo consultivo

advisory funds   la previsione di spese di consulenza

advisory service   il servizio consultivo

affidavit   la dichiarazione scritta e giurata

affiliate   la filiale

affirmative action   l'azione contro la discriminazione

affreightment   il noleggio

afloat   a galla

after-hours trading   il commercio fuori orario

after-sales service   la manutenzione e servizio successivi alla vendita

after-tax real rate of return   il rendimento reale al netto di tasse

afterdate (v)   postdatare

against all risks   contro qualsiasi rischio

agency   l'agenzia

agency bank   la banca d'agenzia

agency fee   la commissione, la parcella dell'agenzia

agenda   l'agenda

agent   l'agente

agent bank   la banca agente

aggregate demand   la domanda aggregata

aggregate risk   il rischio cumulativo

aggregate supply   l'offerta aggregata

agreement   l'accordo, la convenzione

agricultural paper   la cambiale agraria

agricultural products   i prodotti agrari

agriculture   l'agricoltura

air express   l'espresso aereo

air freight   il trasporto via aerea

air shipment   la spedizione aerea

algorithm   l'algoritmo

algorithmic language   il linguaggio algoritmico

alien corporation   l'azienda straniera, la ditta straniera

all in cost   il costo complessivo

all or none   tutto o niente

allocation of costs   l'allocazione dei costi

allocation of responsibilities   l'allocazione di responsabilità

allocation, resources   l'allocazione delle risorse

allonge (of a draft)   la coda (di cambiale)

allot (v)   spartire

allotment   la ripartizione

allotment letter   la lettera di ripartizione

allow (v)   permettere

allowance   l'abbuono

allowance, depreciation   il fondo di ammortamento

alongside   accanto

alteration   l'alterazione

alternative order   l'ordine alternativo

amalgamation   la fusione

amend (v)   emendare, revisionare

amendment   l'emendamento

amortization   l'ammortamento

amount   la somma

amount due   la somma dovuta

analog computer   l'elaboratore a sistema analog

analysis   l'analisi

analysis, break-even   l'analisi di equilibrio tra i costi e i ricavi, il punto di pareggio

analysis, competitor   l'analisi del concorrente

analysis, cost   l'analisi dei costi

analysis, cost-benefit   l'analisi del rapporto tra i costi ed i benefici

analysis, critical path   l'analisi del percorso critico

analysis, financial   l'analisi finanziaria

analysis, functional   l'analisi funzionale

analysis, input-output   l'analisi entrata/uscita, l'analisi dei fattori produttivi

analysis, investment   l'analisi d'investimento

analysis, job   l'analisi del progetto, l'analisi dell'occupazione, l'analisi del lavoro

analysis, needs   l'analisi delle esigenze

analysis, product   l'analisi del prodotto

analysis, profitability l'analisi del rapporto tra costo e profitto, l'analisi dei profitti, lo studio sulla profittabilità

analysis, risk l'analisi del rischio

analysis, sales l'analisi delle vendite

analysis, systems l'analisi del sistema

analyst l'analista

anchorage (dues) gli oneri d'ancoraggio

ancillary operations le operazioni ausiliari

angle of incidence l'angolo d'incidenza

annual annuale

annual accounts i conti annuali

annual audit la revisione annuale dei conti

annual report il rapporto annuale

annuitant il pensionante, il vitalizio

annuity la rendita

anti-dumping duty la tariffa protettiva, la tariffa "anti-dumping"

antique authenticity certificate il certificato antiquariale d'autenticità

antitrust laws le leggi anti-monopolistiche

apparel l'abbigliamento

application form il modulo di richiesta

applied proceeds swap il baratto, la permuta degli introiti

appointment l'appuntamento

appraisal la stima, la valutazione

appraisal, capital expenditure la stima delle spese capitali

appraisal, financial la valutazione finanziaria

appraisal, investment la valutazione degli investimenti

appraisal, market la valutazione di mercato

appreciation l'apprezzamento

apprentice l'apprendista

appropriation lo stanziamento

approval l'approvazione

approve (v) approvare

approved delivery facility lo stabilimento di consegna approvato

approved securities i titoli mobiliari approvati
arbitrage l'arbitraggio
arbitration l'arbitrato
arbitration agreement l'accordo d'arbitrato
arbitrator l'arbitro
area manager il direttore d'area
arithmetic mean la media aritmetica
arm's length a distanza
armaments gli armamenti
around (exchange term) circa
arrears gli arretrati
as, if and when come se e quando
as is goods i beni nello stato attuale, i beni senza ricorso
as per advice come per nota informativa
as soon as possible appena possibile
asking price il prezzo richiesto
assay l'analisi
assemble (v) (people) riunire
assemble (v) (things) montare
assembly il montaggio, l'assemblea
assembly line la catena di montaggio, la linea di montaggio
assess (v) valutare
assessed valuation la valutazione imponibile
assessment la valutazione
asset l'attivo, l'attività
asset turnover il giro d'attività, il movimento d'attività
asset value il valore delle attività
assets, accrued gli attivi maturati
assets, current gli attivi correnti
assets, deferred gli attivi differiti
assets, fixed gli attivi fissi, gli immobilizzi tecnici
assets, intangible gli attivi intangibili
assets, liquid gli attivi mobili, l'attivo circolante
assets, net gli attivi netti
assets, tangible i beni reali
assign (v) assegnare

assignee l'assegnatario
assignor il cedente
assistant l'assistente
assistant general manager il vice direttore generale
assistant manager il vice direttore
associate company la società in accomandita, la ditta associata
assumed liability la responsabilità presunta
at and from a e da
at best al meglio
at call a richiesta, a domanda
at or better a o meglio
at par alla pari
at sight a vista
at the close alla chiusura
at the market al mercato
at the opening all'apertura
attach (v) allegare
attaché case la borsa documenti
attended time il tempo presenziato
attestation l'attestato
attorney l'avvocato
attorney, power of la procura
attrition l'attrito
audit (v) controllare, rivedere, verificare
audit trail il bilancio di revisione
audit, internal la revisione interna
auditing balance sheet il foglio di revisione del bilancio contabile
auditor il revisore
autarky l'autarchia
authenticity (gold) l'autenticità
authority, to have (v) avere l'autorità
authorize (v) autorizzare
authorized dealer il rivenditore autorizzato
authorized shares le azioni autorizzate
authorized signature la firma autorizzata
automatic automatico
automation l'automazione

autonomous autonomo

availability, subject to in base alla disponibilità

average la media

average cost il costo medio

average life la vita media, la durata media

average price il prezzo medio

average unit cost il costo medio unitario

averaging raggiungere una media, prendere la media

avoidable costs le spese evitabili

B

back date (v) postdatare

back haul il ritorno di una parte della merce sullo stesso percorso utilizzato per il trasporto originale

back order l'ordine arretrato

back selling la rivendita del prodotto al fornitore originale

back taxes le imposte arretrate

back-to-back credit il credito documentario aperto sulla base di un altro credito originario, il credito disposto dal beneficiario di un credito

back-to-back loans i prestiti erogati sulla base di una garanzia ricevuta

backed note l'obbligazione garantita

backing and filling l'appoggio ed esecuzione

backing support il sostegno d'appoggio

backlog gli ordini inevasi

backup bonds i titoli obbligazionari dati in garanzia

backwardation il deporto

backwash effect l'effetto di risucchio

bad debt il debito insolvibile

balance, bank il bilancio bancario

balance, credit il credito disponibile, il saldo e credito

balance of payments la bilancia dei pagamenti

balance of trade la bilancia commerciale

balance ratios gli indici di bilancio

balance sheet il bilancio d'esercizio

bale capacity la capacità in balle

bale cargo la merce imballata

ballast bonus   il premio sulla zavorra

balloon (payment)   l'ultimo pagamento rateale per un importo notevolmente più alto dei precedenti

balloon note   l'obbligazione a rate con pagamento maggiorato alla maturità

bank   la banca

bank acceptance   l'accettazione bancaria

bank account   il conto bancario

bank balance   il bilancio bancario

bank carnet   il carnet bancario

bank charges   i costi bancari

bank check   l'assegno bancario

bank deposit   il deposito bancario

bank draft   la tratta bancaria

bank examiner   il revisore bancario

bank exchange   il cambio bancario

bank holiday   la festività legale

bank letter of credit   la lettera di credito bancaria

bank loan   il prestito bancario

bank money order   il vaglia bancario

bank note   la banconota

bank rate   il tasso bancario

bank release   il benestare bancario

bank statement   il rendiconto bancario

bankruptcy   il fallimento

bar chart   il grafico a barra, il diagramma utilizzando barre

bareboat charter   il noleggio a scafo nudo

bargain   l'affare

bargaining, collective   la contrattazione collettiva

bargaining power   il potere di negoziazione

barratry   l'incitazione alla discordia

barter (v)   barattare

base currency   la valuta di base

base price   il prezzo di base

base rate   il tasso di base

base year   l'anno di base

basis point (1/100%)   il punto di base (centesimo di un percento)

batch processing l'elaborazione per gruppi
batch production la produzione in lotti
batten fitted attrezzato con infissi per ancorare la merce
baud il baud
bear market la borsa in fase negativa
bearer il portatore
bearer bond l'obbligazione al portatore
bearer security il titolo al portatore
bell-shaped curve la curva a campana
below par sotto la pari
below the line capitalizzati
beneficiary il beneficiario
bequest il lascito
berth terms i termini di ormeggio
bid and asked offerto e richiesto
bill la fattura
bill broker l'intermediario di obbligazioni
bill of exchange la cambiale
bill of lading la polizza di carico
bill of sale l'atto di vendita
bill of sight il certificato d'ispezione
billboard il cartellone
binary notation la numerazione binaria, la notazione binaria
binder la caparra
bit il bit
black market il mercato nero
blanket bond l'obbligazione generale
blanket order l'ordine generale
blockage of funds il blocco dei fondi
blocked currency la valuta bloccata
blue chip stock le azioni pregiate
blue-collar worker l'operaio
blueprint la cianografia, il programma
board, executive il consiglio dirigenziale
board meeting la riunione del consiglio
board of directors il consiglio di amministrazione

board of supervisors   il consiglio di sovrintendenza

boardroom   la sala del consiglio

boilerplate   il testo scritto senza particolare interesse

bond   l'obbligazione

bond areas   le aree delle obbligazioni

bond issue   l'emissione di buoni, le obbligazioni

bond power   il potere del buono, il potere di emettere obbligazioni

bond rating   la valutazione dell'obbligazione

bonded carrier   il portatore di obbligazioni

bonded goods   le merci vincolate

bonded warehouse   il magazzino doganale

bonus (premium)   il premio

book inventory   il inventario registrato, il inventario contabile

book value   il valore registrato, il valore contabile

book value per share   il valore registrato per azione

bookkeeping   la contabilità

boom   l'espansione, il "boom"

border   il confine

border tax adjustment   la correzione della tassa di confine

borrow (v)   prendere in prestito

boycott (v)   boicottare

brainstorming   la conferenza-confronto idee, il dibattito costruttivo d'opinioni

branch office   la filiale

brand   la marca

brand acceptance   l'accettazione della marca

brand image   l'immagine della marca

brand loyalty   la fedeltà alla marca

brand manager   il dirigente responsabile per la gestione della marca

brand recognition   il riconoscimento della marca

break even (v)   arrivare al punto di parità

break-even analysis   l'analisi di equilibrio tra i costi e i ricavi, il punto di pareggio

break-even point   il punto della parità, il punto di pareggio, il volume di vendite al quale c'è equilibrio tra ricavi e costi

briefcase la borsa documenti
broken lot la partita divisa
broken stowage il carico frazionato
broker l'intermediario
broker, software il mediatore di software
budget il preventivo
budget, advertising il preventivo pubblicitario
budget appropriation lo stanziamento del preventivo
budget, cash il preventivo di cassa, il preventivo in contanti
budget forecast la previsione del preventivo
budget, investment il preventivo d'investimento
budget, marketing il preventivo per il marketing
budget, sales il preventivo per le spese di vendita
bug (defect in computer program) il difetto nel programma dell'elaboratore elettronico, il bug
bull market la borsa in fase di andamento positivo
burden rate il tasso dell'onere
bureaucrat il burocrate
business activity l'attività commerciale
business card il biglietto da visita
business cycle il ciclo commerciale
business management l'amministrazione commerciale, la gestione commerciale
business plan il piano commerciale
business policy la politica commerciale
business strategy la strategia commerciale
buy at best (v) comprare al miglior prezzo
buy back (v) riacquistare
buy on close (v) comprare alla chiusura
buy on opening (v) comprare all'apertura
buyer l'acquirente, il compratore
buyer, chief il compratore capo, il responsabile acquisti
buyer, credit l'acquirente su credito
buyer, potential il acquirente potenziale, il compratore potenziale
buyer's market il mercato favorevole all'acquirente, il mercato propenso per gli acquirenti

buyer's option all'opzione del compratore

buyer's premium il premio del compratore

buyer's responsibility la responsabilità dell'acquirente

buyout la rilevazione delle quote del soci liquidati

by-product il prodotto derivato, il prodotto secondario

bylaws le normative, i regolamenti

byte il byte

C

cable il cavo

cable transfer la rimessa telegrafica

calculator la calcolatrice

call (v) chiamare

call feature l'opzione di acquisto di valori mobiliari in qualsiasi momento a un certo prezzo

call loan il prestito rimborsabile a domanda

call money il denaro investito a brevissima scadenza

call option l'opzione di acquistare delle azioni ad un dato prezzo entro un determinato periodo di tempo

call price il prezzo al quale è redimibile un buono a richiesta

call protection la protezione dalla richiesta di un rimborso immediato (obbligazioni)

call rate il tasso di interesse per rimborsabile a brevissima scadenza

call rule le norme per la richiesta di rimborso anticipato

callback il richiamo (in genere per articoli difettosi)

campaign, advertising la campagna pubblicitaria

campaign, productivity la campagna di produttività

cancel (v) cancellare

cancelled check l'assegno versato

capacity la capacità

capacity, manufacturing la capacità di produzione, la capacità produttiva

capacity, plant la capacità produttiva della fabbrica, il potenziale di capacità produttiva di un impianto

capacity, utilization il livello d'utilizzo della capacità produttiva

capital il capitale

capital account il conto capitale

capital allowance la riserva capitale

capital asset gli attivi immobili

capital budget il preventivo capitale, il preventivo spese impianti e macchinari

capital expenditure l'investimento capitale

capital expenditure appraisal la stima delle spese capitali

capital exports (currency) l'esportazione dei capitali

capital exports (goods) l'esportazione di beni capitali

capital gain/loss gli utili di capitale/la perdita di capitale

capital goods i beni capitali, i beni d'investimento

capital increase l'aumento dei capitali

capital-intensive richiedente un notevole investimento di capitale

capital market il mercato dei capitali

capital-output ratio il rapporto tra capitale e produzione

capital, raising raccolta dei capitali

capital, return on la resa sui capitali, i proventi sul capitale

capital, risk il capitale per finanziare nuove iniziative

capital spending la spesa dei capitali

capital stock il capitale azionario

capital structure la struttura finanziaria

capital surplus l'eccedenza dei capitali

capital, working il capitale circolante, il capitale liquido

capitalism il capitalismo

capitalization la capitalizzazione

cargo la merce imbarcata

carload il carico di vettura

carnet il carnet

carrier il portatore

carrier's risk a rischio del portatore

carry forward (v) portare a nuovo

carryback la perdita detraibile dalle imposte

carrying charges le spese d'immobilizzo

carrying value   il valore d'immobilizzo

carryover   riportare

cartel   il consorzio di industriali

cash   i contanti

cash-and-carry   il pagamento in contanti

cash balance   il saldo liquido

cash basis   in contanti

cash before delivery   il pagamento prima della consegna

cash book   il libro cassa

cash budget   il preventivo di cassa, il preventivo in contanti

cash delivery   il pagamento alla consegna, la consegna in contanti

cash discount   lo sconto per contanti

cash dividend   il dividendo pagato in contanti

cash entry   il annotazione di movimento di contanti, la registrazione del movimento di cassa

cash flow   il movimento di cassa

cash flow statement   la relazione del movimento di cassa

cash in advance   il pagamento anticipato

cash management   l'amministrazione della cassa

cash on delivery   il pagamento alla consegna

cash surrender value   il valore in contanti alla resa

cashier's check   l'assegno bancario

cassette   la cassetta

casualty insurance   l'assicurazione contro danni

catalog   il catalogo

ceiling   il soffitto

central bank   la banca centrale

central processing unit (computers)   l'unità centrale per l'elaborazione dei dati

central rate   il tasso centrale

centralization   l'accentramento

certificate   il certificato

certificate of deposit   il certificato di deposito

certificate of incorporation   l'atto di costituzione

certificate of origin   il certificato d'origine

certified check l'assegno garantito

certified public accountant il ragioniere diplomato dallo stato

chain of command l'organigramma dirigenziale

chain (of stores) la catena di negozi

chain store group il gruppo di grandi magazzini

chairman of the board il presidente del consiglio

chamber of commerce la camera di commercio

channel of distribution il canale di distribuzione

charge account il conto aperto

chargeoff (v) sgravare dalle tasse

charges gli oneri

chart, activity il diagramma delle attività

chart, bar il grafico a barra, il diagramma utilizzando barre

chart, flow il diagramma delle correnti

chart, management il quadro amministrativo, l'organigramma

charter il documento costitutivo

chartered accountant il ragioniere professionista

charterparty agent il mediatore per noleggio

chattel il bene mobile

chattel mortgage l'ipoteca su beni mobili

cheap a buon mercato

check l'assegno

check, counter l'assegno bancario

checking account il conto corrente

checklist la lista di controllo

chemical chimico

chief accountant il capo contabile

chief buyer il compratore capo, il responsabile degli acquisti

chief executive il direttore generale

chip il chip

civil action l'azione di parte civile

civil engineering l'ingegneria civile

claim il reclamo

classified ad la piccola pubblicità

clean document   il documento pulito, il documento in ordine

clearinghouse   la stanza di compensazione

closed account   il conto chiuso

closely held corporation   la ditta privata

closing entry   la scrittura di chiusura

closing price   il prezzo alla chiusura

co-ownership   la comproprietà

coal   il carbone

codicil   il comma

coffee break   l'intervallo (per caffè)

coinsurance   la co-assicurazione

cold call   la visita di vendita senza preavviso

collateral   il collaterale

colleague   il collega

collect on delivery   il pagamento alla consegna

collection period   il periodo di riscossione

collective agreement   il patto collettivo

collective bargaining   la contrattazione collettiva

collector of customs   l'esattore doganale, il doganiere

colloquium   il colloquio

combination   la combinazione

combination duty   il dazio combinato, la tariffa combinata

commerce   il commercio

commercial (advertisement)   l'avviso, l'avvertimento, l'annuncio

commercial bank   la banca commerciale

commercial grade   il livello commerciale, la qualità commerciale

commercial invoice   la fattura commerciale

commission (agency)   la parcella

commission (fee)   la provvigione

commitment   l'impegno

commodity   l'oggetto di prima necessità, il bene

commodity exchange   la borsa (mercato) di beni di prima necessità

common carrier   il vettore

common market   il mercato comune

common stock le azione ordinaria

company l'azienda

company goal l'obiettivo aziendale

company, holding la società finanziaria, la società madre

company, parent la ditta madre, l'azienda madre

company policy la politica aziendale

compensating balance lasciare una certa somma di fondi nel conto corrente presso la istituzione

compensation il compenso

compensation trade il commercio compensativo

competition la concorrenza, la competizione

competitive advantage il vantaggio competitivo

competitive edge il punto di vantaggio

competitive price il prezzo concorrenziale

competitive strategy la strategia concorrenziale

competitor il concorrente

competitor analysis l'analisi del concorrente

complimentary copy la copia in omaggio

component il componente

composite index l'indice composto

compound interest l'interesse composto

comptroller il controllore

computer il cervello elettronico, il computer

computer, analog l'elaboratore a sistema analog

computer bank il computer bank

computer center il centro per elaborati elettronici

computer, digital l'elaboratore a sistema digitale, l'elaboratore digitale

computer input l'entrata dei dati nell'elaboratore elettronico (input)

computer language il linguaggio per elaboratori elettronici

computer memory la memoria dell'elaboratore

computer output la produzione del computer (computer output)

computer program il programma dell'elaboratore, il programma del computer

computer storage l'immagazzinaggio dei dati per il computer

computer terminal il terminale dell'elaboratore, il terminale del computer

conditional acceptance l'accettazione condizionale

conditional sales contract il contratto di vendita condizionata

conference room la sala conferenze

confidential confidenziale, riservato

confirmation of order la conferma dell'ordine

conflict of interest il conflitto d'interesse

conglomerate il conglomerato

consideration (bus. law) il compenso, la considerazione

consignee il destinatario

consignment la spedizione, la consegna

consignment note la nota di spedizione

consolidated financial statement il bilancio consolidato

consolidation il consolidamento

consortium il consorzio

consular invoice la fattura consolare

consultant il consulente

consultant, management il consulente amministrativo

consumer il consumatore

consumer acceptance l'accettazione da parte del consumatore

consumer credit il credito al consumatore

consumer goods i beni di consumo

consumer price index l'indice dei prezzi al consumo

consumer research la ricerca sul consumatore

consumer satisfaction la soddisfazione del consumatore

container il contenitore, il "container"

contingencies le contingenze

contingent fund il fondo di contingenza, il fondo di previdenza

contingent liability la responsabilità contingente, la sopravvenienza passiva

contract il contratto

contract carrier il vettore contrattuale

contract month il mese contrattuale

control, cost il controllo dei costi

control, financial il controllo finanziario

control, inventory il controllo dell'inventario

control, manufacturing il controllo della produzione

control, production il controllo della produzione

control, quality il controllo di qualità

control, stock il controllo dei valori, il controllo delle azioni

controllable costs i costi controllabili

controller il controllore

controlling interest l'interesse maggioritario

convertible debentures le obbligazioni convertibili

convertible preferred stock le azioni privilegiate convertibili

cooperation agreement la convenzione di cooperazione

cooperative la cooperativa

cooperative advertising la pubblicità cooperativa (in compartecipazione)

copy (text) il testo

copy testing l'esame di un testo pubblicitario

copyright i diritti d'autore

corporate growth la crescita aziendale

corporate image l'immagine aziendale

corporate income tax l'imposta sul reddito delle persone giuridiche (IRPEG)

corporate planning la pianificazione aziendale, la programmazione aziendale

corporate structure la struttura aziendale

corporation la società per azioni, l'azienda, la ditta, la società

corporation tax l'imposta aziendale

corpus il corpo

correspondence la corrispondenza

correspondent bank la banca corrispondente

cost il costo

cost (v) costare

cost accounting la contabilità dei costi

cost analysis l'analisi dei costi

cost and freight   il costo e trasporto

cost, average   il costo medio

cost-benefit analysis   l'analisi del rapporto tra i costi ed i benefici

cost control   il controllo dei costi

cost, direct   il costo diretto

cost effectiveness   l'efficienza dei costi

cost factor   il fattore dei costi

cost, indirect   il costo indiretto

cost of capital   il costo del capitale

cost of goods sold   il costo dei beni venduti

cost of living   il costo della vita, la carovita

cost-plus contract   il contratto che garantisce un profitto in base al costo del prodotto

cost-price squeeze   la riduzione della differenza tra costi e prezzi, che riduce il profitto

cost reduction   la riduzione dei costi

cost, replacement   il costo di ricambio

costs, allocation of   l'allocazione dei costi

costs, fixed   i costi fissi

costs, managed   i costi amministrati, i costi controllabili

costs, production   i costi di produzione

costs, set-up   i costi iniziali

costs, standard   i costi normali, i costi standard

costs, variable   i costi variabili

cotton   il cotone

counter check   l'assegno bancario

counterfeit   il contraffatto

countervailing duty   la tariffa controvalente

country of origin   il paese d'origine

country of risk   il paese a rischio

coupon (bond interest)   la cedola di interesse su buoni, la cedola di interesse su obbligazioni

courier service   il servizio di corriere

covenant   l'impegno, la promessa

cover charge   il coperto

cover letter   la lettera di accompagnamento

cover ratio   il rapporto di copertura

coverage (insurance) la copertura

crawling peg la parità mobile

credit il credito

credit (v) accreditare

credit balance il credito disponibile, il saldo a credito

credit bank la banca di credito

credit bureau l'ufficio di credito

credit buyer l'acquirente su credito

credit card la carta di credito

credit control il controllo del credito

credit insurance l'assicurazione dei crediti

credit line la linea di credito

credit management l'amministrazione del credito

credit note la nota di accredito

credit rating la valutazione del credito

credit reference la referenza bancaria, la referenza per ottenere credito

credit terms i termini del credito

credit union l'unione creditizia

creditor il creditore

critical path analysis l'analisi del percorso critico

cross-licensing le licenze accavallate

cultural export permit il permesso d'esportazione di beni culturali

cultural property il bene culturale

cum dividend con dividendo

cumulative cumulativo

cumulative preferred stock le azioni preferenziali cumulative

currency la valuta

currency band il serpente valutario (CEE)

currency clause il comma valutaria

currency conversion la conversione di valuta

currency exchange il cambio valuta

current account il conto corrente

current assets gli attivi correnti

current liabilities gli impegni attuali, la responsabilità corrente

current ratio il rapporto corrente

current yield   il rendimento corrente
customer   il cliente
customer service   il servizio reso al cliente
customs   la dogana
customs broker   lo spedizioniere doganale
customs duty   la tariffa doganale, il dazio
customs entry   la dichiarazione doganale
customs union   l'unione doganale
cutback   la riduzione
cycle billing   la fatturazione a ciclo
cycle, business   il ciclo commerciale

D

daily   il giornaliero
dairy products   i prodotti lattiero-caseari
damage   il danno
data   i dati
data acquisition   l'acquisizione di dati
data bank   la banca dati
data base   il "data base," la base dei dati per elaboratori elettronici
date of delivery   la data di consegna
day loan   il prestito giornaliero
day order   l'ordine in giornata
dead freight   il nolo "vuoto per pieno"
dead rent   l'affitto morto
deadline   la scadenza
deadlock   la situazione irresolubile, l'arresto, il punto morto
deal   l'affare
deal, package   la trattativa complessiva
dealer   il commerciante
dealership   il licenziatario
debentures   le obbligazioni
debit   l'addebito
debit entry   la nota di debito, la registrazione a debito
debit note   la nota di addebito
debt   il debito

debug (v) riparare il sistema nell'elaboratore

deductible il detraibile

deduction la detrazione

deed l'atto

deed of sale l'atto di vendita

deed of transfer l'atto di passagio, l'atto di trasferimento

deed of trust l'atto fiduciario

default (v) venire meno agli obblighi

defective difettoso

deferred annuities le rendite differite

deferred assets gli attivi differiti

deferred charges gli oneri differiti

deferred delivery le consegne differite

deferred income il reddito differito

deferred liabilities le responsabilità differite, le passività differite

deferred tax le tasse differite

deficit il deficit, il disavanzo, l'ammanco

deficit financing il ricorso al prestito per finanziare un'attività

deficit spending la spesa fatta mentre la ditta è in passivo

deflation la deflazione

delay il ritardo

delinquent account il conto moroso

delivered price il prezzo alla consegna

delivery la consegna

delivery date la data di consegna

delivery notice la notifica di consegna

delivery points i punti di consegna

delivery price il prezzo di consegna

demand la richiesta

demand (v) richiedere

demand deposit il deposito a richiesta, il deposito in conto corrente

demand line of credit la linea di credito a richiesta

demographic il demografico

demotion la demozione

demurrage il ritardo

demurrage (maritime) la controstallia

department il reparto

department store il grande magazzino

depletion accounting la contabilità di riduzione

depletion control il controllo della riduzione

deposit il deposito

deposit account il conto di deposito

deposit, bank il deposito bancario

depository il deposito

depreciation il deprezzamento, l'ammortamento

depreciation, accelerated l'ammortamento accelerato

depreciation, accrued l'ammortamento maturato

depreciation allowance il fondo di ammortamento

depreciation of currency il deprezzamento della valuta

depression la depressione

deputy chairman il vice presidente

deputy manager il vice amministratore, il vice dirigente

design engineering la progettazione d'impianti, la progettazione industriale

devaluation la svalutazione

differential, price la differenziale dei prezzi

differential, tariff la tariffa differenziale

differential, wage la differenza salariale, il differenziale di stipendio

digital digitale

digital computer l'elaboratore a sistema digitale, l'elaboratore digitale

dilution of equity la diluizione del capitale azionario, la diluizione del capitale netto

dilution of labor la diluizione della manodopera, l'assorbimento del personale non specializzato

direct access storage l'immagazzinaggio con accesso diretto

direct cost il costo diretto

direct expenses le spese dirette

direct investment le investimento diretto

direct labor   la manodopera diretta
direct mail   la pubblicità diretta
direct papers   le obbligazioni dirette
direct quotation   la citazione diretta
direct selling   la vendita diretta
director   il direttore
disbursement   il pagamento
discharge (v)   scaricare
discount   lo sconto
discount (v)   scontare
discount rate   tasso di sconto
discount securities   i titoli scontati
discounted cash flow   il reddito futuro scontato al valore attuale
discretionary account   il fondo discrezionario
discretionary order   l'ordine discrezionale
disincentive   il disincentivo
disk   il dischetto
dispatch   l'invio, la spedizione
disposable income   il reddito disponibile
dispute   la disputa
dispute (v)   disputare
dispute, labor   la disputa di lavoro, la disputa sindacale
distribution, channel of   il canale di distribuzione
distribution costs   i costi di distribuzione
distribution network   la rete di distribuzione
distribution policy   la politica di distribuzione
distributor   il distributore
diversification   la diversificazione
divestment   la spogliazione, la vendita
dividend   il dividendo
dividend yield   il rendimento del dividendo
division of labor   la divisione del lavoro
dock (ship's receipt)   la ricevuta del custode del molo
dock handling charges   le spese di ormeggio
document   il documento
dollar cost averaging   la media del costo in dollari

domestic bill   la fattura nazionale

domestic corporation   la ditta nazionale

door-to-door (sales)   porta-a-porta (vendite)

double dealing   l'inganno

double-entry bookkeeping   la contabilità a partita doppia

double pricing   fissare due prezzi

double taxation   la doppia tassazione

double time   il lavoro straordinario pagato il doppio, la doppia paga per gli straordinari

down payment   l'acconto, il deposito, la caparra

down period   il periodo di tempo inutilizzabile, la fase negativa

down the line   in ogni caso

downswing   il ribasso

downtime   il periodo di tempo durante il quale l'elaboratore rimane inutilizzabile

downturn   il ribasso

draft   la tratta

draw down (v)   ridurre l'inventario

drawback   il ristorno, lo svantaggio

drawee   il trattario

drawer   il traente

drayage   il trasporto

drop shipment   la spedizione fatta direttamente al dettagliante

dry cargo   il carico secco

dry goods   i beni solidi

dumping (goods in foreign market)   il "dumping"

dun (v)   sollecitare pagamento

dunnage   il fondo della stiva

duopoly   il duopolio

durable goods   i beni durevoli

duress   la pressione

duty   il dazio

duty ad valorem   il dazio ad valorem

duty, anti-dumping   la tariffa protettiva, la tariffa "anti-dumping"

duty, combination   il dazio combinato, la tariffa combinata

duty, countervailing   la tariffa controvalente
duty, export   la tariffa d'esportazione
duty, remission   la remissione dell'imposta
duty, specific   il dazio specifico, l'imposta specifica
dutyfree   esente da dazio
dynamics, group   la dinamica del gruppo
dynamics, market   la dinamica del mercato
dynamics, product   la dinamica del prodotto

E

earmark (v)   contrassegnare, specificare
earnings   i guadagni
earnings on assets   gli utili sugli attivi
earnings per share   gli utili per azione
earnings performance   il rendimento sui guadagni
earnings report   la relazione sugli utili
earnings, retained   i profitti ritenuti, i guadagni ritenuti, gli utili ritenuti
earnings yield   la rendita sui guadagni
econometrics   l'econometria
economic   economico
economic indicators   gli indicatori economici
economic life   la vita economica
economic order quantity   la quantità per un ordine
  economico
economics   l'economia
economy of scale   l'economia di scala
effective yield   il rendimento effettivo
efficiency   l'efficienza
elasticity (of supply or demand)   l'elasticità (dell'offerta e della domanda)
electrical engineering   l'ingegneria elettrica
electronic whiteboard   la tavola elettronica per comandi
embargo   l'embargo
embezzlement   l'appropriazione indebita
employee   l'impiegato
employee counseling   l'assistenza al personale
employee relations   le relazioni con il personale

employment agency l'agenzia per la ricerca del personale

encumbrances (liens, liabilities) il gravame

end of period la fine del periodo

end product il prodotto finale

end-use certificate il certificato attestante l'uso definitivo del prodotto

endorsee il giratario

endorsement la girata

endorser il girante

endowment la dotazione

engineering l'ingegneria

engineering and design department il reparto progettazione e stilismo

engineering, design la progettazione d'impianti, la progettazione industriale

engineering, industrial l'ingegneria industriale, la progettazione industriale

engineering, systems la progettazione dei sistemi di elaborazione

engineering, value la progettazione utilizzando costi più bassi tra costi alternativi per espletare una certa attività

enlarge (v) ingrandire

enterprise l'impresa

entrepreneur l'imprenditore

entry, cash l'annotazione di movimento di contanti, la registrazione del movimento di cassa

entry, debit la nota di debito, la registrazione a debito

entry, ledger l'entrata nel libro mastro, l'entrata sul registro

entry permit il permesso d'entrata, la dichiarazione d'entrata

equal pay for equal work la stessa paga per lo stesso lavoro

equipment gli attrezzi, le attrezzatura, gli impianti e macchinari

equipment leasing l'affitto degli attrezzi

equity l'equità, la giustizia, il capitale azionario

equity, dilution of la diluizione del capitale azionario, la diluizione del capitale netto

equity investments   gli investimenti azionari
equity, return on   il reddito sul capitale netto
equity share   la parte dovuta per il capitale netto
ergonomics   l'ergonometrica
error   l'errore
escalator clause   il comma della scala mobile
escape clause   la clausola d'uscita
escheat   la proprietà incamerata
escrow   il deposito presso terzi
escrow account   il conto depositato presso terzi
estate   il patrimonio
estate agent   l'agente patrimoniale
estate tax   l'imposta patrimoniale
estimate   la stima
estimate (v)   stimare
estimate, sales   la stima delle vendite
estimated price   il prezzo previsto
estimated time of arrival   l'ora d'arrivo prevista
estimated time of departure   l'ora di partenza prevista
Eurobond   l'euro-obbligazione
Eurocurrency   l'eurovaluta
Eurodollar   l'eurodollaro
evaluation   la valutazione
evaluation, job   la valutazione del lavoro
ex dividend   senza dividendo
ex dock   franco porto, ex molo
ex factory   franco fabbrica
ex mill   franco mulino
ex mine   franco miniera
ex rights   ex diritti
ex ship   franco nave
ex warehouse   franco magazzino
ex works   franco officina
exchange (stock, commodity)   la borsa
exchange (v)   scambiare
exchange control   il controllo valutario
exchange discount   lo sconto sul cambio
exchange loss   la perdita sul cambio

exchange rate   il tasso di cambio
exchange risk   il rischio sul cambio
exchange value   il controvalore
excise duty   l'imposta sui consumi
excise license   il permesso amministrativo per vendere beni di consumo
excise tax   l'imposta sui consumi, la tassa sul consumo
executive   il dirigente
executive board   il consiglio dirigenziale
executive, chief   il direttore generale
executive committee   il comitato esecutivo
executive compensation   il compenso dirigenziale
executive director   il dirigente superiore
executive, line   il dirigente di linea
executive search   la ricerca di personale dirigenziale
executive secretary   la segretaria superiore
executor   l'esecutore, il testamentario
exemption   l'esenzione
expected results   i risultati previsti
expenditure   la spesa
expense account   il listino di spese rimborsabili
expenses   le spese
expenses, direct   le spese dirette
expenses, indirect   le spese indirette
expenses, running   le spese correnti, le spese operative
expenses, shipping   le spese di spedizione, le spese di trasporto
expiry date   la data di scadenza
export (v)   esportare
export agent   l'esportatore su commissione
export credit   il credito all'esportazione
export duty   la tariffa d'esportazione
export entry   la dichiarazione d'esportazione
export, for   per esportazione
export house   la ditta che tratta esportazioni
export-import bank   la banca import-export
export manager   il responsabile delle esportazioni
export middleman   l'intermediario per l'esportazione

export permit   il permesso d'esportazione
export quota   la quota d'esportazione
export regulations   le normative per l'esportazione
export sales contract   il contratto di vendita per l'esportazione
export tax   l'imposta d'esportazione
expropriation   l'esproprio
extra dividend   il dividendo supplementare

F

face value   il valore dichiarato, il valore riportato
facilities   i servizi, i facilitazione, gl'impianti
fact sheet   il foglio di dati
factor   il fattore, il "factor"
factor analysis   l'analisi dei fattori
factor, cost   il fattore dei costi
factor, load   il fattore del ricarico
factor, profit   il fattore degli utili, il fattore dei profitti
factor rating   la stima da parte del factor
factory   la fabbrica
factory overhead   i costi fissi d'azienda
fail (v)   fallire
failure   il fallimento
fair market value   il valore di mercato
fair return   il rendimento competitivo agli investimenti alternativi
fair trade   il commercio equo, la fiera commerciale
farm out (v)   dare l'incarico a terzi
feed ratio   il rapporto d'alimentazione
feedback   la retroazione
fidelity bond   l'obbligazione fiduciaria
fiduciary   il fiduciario
fiduciary issue   l'emissione fiduciaria
fiduciary loan   il prestito fiduciario
field warehousing   la cessione di garanzie per merci depositate in un magazzino
file   la cartella
finalize (v)   finalizzare
finance (v)   finanziare

finance company la società di finanziamento
financial analysis l'analisi finanziaria
financial appraisal la valutazione finanziaria
financial control il controllo finanziario
financial director il direttore finanziario
financial highlights i punti di maggior interesse nel rapporto finanziario
financial incentive l'incentivo finanziario
financial management l'amministrazione finanziaria
financial period il periodo finanziario
financial planning la pianificazione finanziaria
financial services i servizi finanziaria
financial statement il bilancio, la dichiarazione finanziaria
financial year l'anno fiscale
fine (penalty) la multa (l'ammenda)
finished goods inventory l'inventario dei beni finiti
fire (v) licenziare
firm la ditta, l'azienda
first in-first out la prima partita ad entrare-la prima partita ad uscire
first preferred stock la prima azione privilegiata
fiscal agent l'agente fiscale
fiscal drag il ritardo fiscale
fiscal year l'anno fiscale
fishy-back service (container) il trasporto di containers su navi
fix the price (v) fissare il prezzo
fixed assets gli attivi fissi, gli immobilizi tecnici
fixed capital i capitali fissi
fixed charges gli oneri fissi
fixed costs i costi fissi
fixed expenses le spese fisse, le spese costanti
fixed income security il titolo di mobiliare a reddito fisso
fixed investment l'investimento costante
fixed liability la responsabilità fissa
fixed rate of exchange il tasso di scambio fisso
fixed term il termine fisso

fixtures (on balance sheet) gl'impianti fissi

flat bond il buono fisso, l'obbligazione

flat rate l'importo fisso

flat yield il rendimento piatto

flatcar il carro merci senza sponde

fleet policy la polizza per un gruppo di automobili

flexible tariff l'imposta variabile

float (outstanding checks, stock) il periodo di tempo durante il quale la banca usufruisce degli assegni depositati e non incassati

float (v) (issue stock) lanciare (una nuova impresa)

floating asset l'attivo variabile

floating charge l'onere variabile

floating debt il debito fluttuante

floating exchange rate il tasso di cambio variabile

floating rate il tasso fluttuante, il tasso variabile

floor (of exchange) la sala delle contrattazioni

floppy disk il dischetto floppy, il "floppy disk"

flow chart il diagramma delle correnti

follow-up order l'ordine successivo

followup (v) far seguito

foodstuffs gli alimentari

footing (accounting) l'addizione

for export per esportazione

forecast la previsione

forecast (v) prevedere

forecast, budget la previsione del preventivo

forecast, market la previsione del mercato

forecast, sales la previsione di vendite

foreign bill of exchange la cambiale emessa all'estero

foreign corporation la ditta estera

foreign currency la valuta estera

foreign debt il debito estero

foreign exchange il cambio estero

foreign securities i titoli mobiliari esteri

foreign tax credit il credito sulle imposte estere

foreign trade il commercio estero

foreman il capo servizio

forgery   la contraffazione

form letter   la lettera tipo, la lettera "standard"

format   il formato

forward contract   il contratto a termine

forward cover   la copertura a termine

forward forward   il termine futuro

forward margin   il margine a termine

forward market   il mercato a termine

forward purchase   l'acquisto a termine

forward shipment   la spedizione a termine

forwarding agent   lo spedizioniere

foul bill of lading   la polizza di carico con riserve o eccezioni

franchise   la concessione di appalto

fraud   la frode

free alongside ship   franco porto, F.A.S.

free and clear   senza impegni

free enterprise   il liberismo economico

free list (commodities without duty)   le merci esen-tasse

free market   il mercato libero

free market industry   l'industria di mercato libero

free of particular average   libero da medie particolari

free on board (FOB)   franco bordo, F.O.B.

free on rail   franco stazione ferroviaria

free port   il porto franco

free time   il tempo libero

free trade   il commercio libero

free trade zone   la zona franca

freelancer   il libero professionista

freight   le merci, il carico

freight all kinds   le merci di tutti i tipi

freight allowed   il carico permesso

freight collect   i costi di spedizione a carico del desti-natario

freight forwarder   lo spedizioniere

freight included   compreso trasporto

freight prepaid   il trasporto prepagato

frequency curve   la curva di frequenza

fringe benefits   gli addizionali

fringe market   il mercato marginale

front-end fee   l'onere anticipato, la commissione anticipata

front-end financing   il finanziamento anticipato

front-end loading   caricare i fondi all'inizio del contratto

frozen assets   gli attivi bloccati

full settlement   il saldo completo

functional analysis   l'analisi funzionale

fund   il fondo

fund, contingent   il fondo di contingenza, il fondo di previdenza

fund, sinking   il fondo d'ammortamento per il ritiro di obbligazioni

fund, trust   il fondo d'investimento fiduciario

funded debt   il debito consolidato

funds, public   i fondi pubblici

funds, working   il capitale liquido, i fondi attivi

fungible goods   i beni fungibili

futures   il contratto a futura consegna, il contratto a termine

futures option   l'opzione di acquisto o di vendita di un contratto a termine

G

garnishment   il precetto

gearing   l'ingranaggio

gearless   senza cambio

general acceptance   l'accettazione generale

general average loss   la perdita media in genere

general manager   l'amministratore generale

general meeting   la riunione generale

general partnership   la società in accomandita semplice (s.a.s.)

general strike   lo sciopero generale

gentleman's agreement   l'accordo sulla parola

gilt (Brit. govt. security)   i titoli governativi, i buoni e obbligazioni del tesoro (Britannici)

glut   la sovrrabbondanza

go around (v)   fare il giro

go-go fund   il fondo d'investimento molto aggressivo

go public (v)   diventare una ditta per azioni

godown   il magazzino commerciale nell'estremo oriente

going-concern value   il valore effettivo della ditta

going rate (or price)   il prezzo corrente

gold clause   la clausola d'oro

gold price   il prezzo dell'oro

gold reserves   le riserve d'oro

good delivery (securities)   la buona consegna

goods   i beni

goods, capital   i beni capitali, i beni d'investimento

goods, consumer   i beni di consumo

goods, durable   i beni durevoli

goods, industrial   i beni industriali

goodwill   la benevolenza

government   il governo

government agency   l'ente governativo

government bank   la banca governativa

government bonds   i buoni governativi (del tesoro)

grace period   il periodo di grazia

grade, commercial   il livello commerciale, la qualità commerciale

graft   la baratteria

grain   il grano

grant an overdraft (v)   concedere uno scoperto a fido

graph   il diagramma, il grafico

gratuity   la gratifica

gray market   il mercato grigio

grievance procedure   la procedura per stabilire una lamentela

gross domestic product   il prodotto interno lordo

gross income   il reddito lordo

gross investment   l'investimento lordo

gross loss   la perdita lorda

gross margin   il margine lordo

gross national product (GNP)   il prodotto nazionale lordo (Pnl)

gross price   il prezzo lordo

gross profit   il profitto lordo, l'utile lordo

gross sales   le vendite lorde

gross spread   la differenza tra il prezzo di vendita e i costi di produzione

gross weight   il peso lordo

gross yield   il rendimento lordo

group accounts   i conti di gruppo, il raggrupamento dei conti

group dynamics   la dinamica del gruppo

group insurance   la polizza d'assicurazione di gruppo

group, product   il gruppo di prodotti

group training   l'istruzione in gruppo

growth   la crescita

growth, corporate   la crescita aziendale

growth index   l'indice di crescita

growth industry   l'industria in fase di crescita

growth potential   il potenziale di crescita

growth rate   il tasso di crescita

growth stock   l'azione d'incremento

guarantee   la garanzia

guaranty bond   il buono garantito, l'obbligazione garantita

guaranty company   la ditta di garanzia

guesstimate   la stima approssimativa

guidelines   i parametri

H

half-life (bonds)   la mezza scadenza (per buoni)

handicap   lo svantaggio

harbor dues   i diritti portuali

hard copy   la copia scritta

hard currency   la valuta pregiata

hard sell   la vendita aggressiva

hardware   la ferramenta

hardware (computer)   il hardware

head office   la sede centrale

headhunter   l'agente ricercatore di dirigenti

headload   il carico di testa

headquarters   la sede
heavy industry   l'industria pesante
heavy lift charges   gli oneri di sollevamento di carichi pesanti
hedge (v)   essere elusivo, evitare di compromettersi, bilanciare
hidden assets   gli attivi nascosti
high technology   l'alta tecnologia
highest bidder   il miglior offrente
hire (v)   assumere
hoard (v)   ammassare
holder (negotiable instruments)   il detentore
holder in due course   il possessore in buona fede
holding company   la società finanziaria, la società madre, il "holding"
holding period   il periodo di detenzione
home market   il mercato interno
hot money   il denaro caldo
hourly earnings   i guadagni orari
housing authority   l'ente pubblico responsabile per gli alloggi
human resources   le risorse del personale
hybrid computer   l'elaboratore ibrido
hyphenate (v)   dividere una parola usando trattini, creare una parola composta di due nomi utilizzando un trattino
hypothecate   l'ipotecare

I

idle capacity   la capacità produttiva inattiva
illegal   illegale
illegal shipments   le spedizioni illegali
imitation   l'imitazione
impact, have an...on (v)   influenzare
impact, profit   l'impatto dei profitti, l'impatto sugli utili
impending changes   le modifiche incombenti
implication   l'implicazione
implied agreement   il patto implicito, la convenzione implicita

import quota la quota d'importazione
import l'importazione
import (v) importare
import declaration la dichiarazione doganale
import deposits i depositi d'importazione
import duty il dazio
import entry l'entrata d'importazione
import license la licenza di importazione
import regulations le normative per l'importazione
import tariff la tariffa d'importazione
import tax l'imposta d'importazione
importer of record l'importatore registrato
impound (v) sequestrare
improve upon (v) migliorare
improvements i miglioramenti
impulse buying gli acquisti impulsivi
imputed l'imputato
in the red in passivo
in transit in transito
inadequate inadeguato
incentive l'incentivo
inchoate interest gl'interessi incipienti
incidental expenses le spese incidentali
income il reddito, il introito
income account il conto redditizio
income bonds i buoni redditizi
income bracket il livello di reddito
income, gross il reddito lordo
income, net il reddito netto
income statement la dichiarazione del reddito
income tax, corporate l'imposta sul reddito delle persone giuridiche (IRPEG)
income tax, personal l'imposta sul reddito delle persone fisiche (IRPEF)
income yield il rendimento
incorporate (v) incorporare
increase l'aumento, l'incremento
increase (v) aumentare, incrementare

increased costs   i costi incrementati

incremental cash flow   il movimento di cassa incrementale

incremental costs   i costi incrementali

indebtedness   l'indebitamento

indemnity   l'indennità

indentured   legato con un contratto

index (indicator)   l'indice

index (v)   indicizzare

index, growth   l'indice di crescita

index linked guaranteed minimum wage   la paga base minima indicizzata

indexing   l'indicizzazione

indirect claim   il reclamo indiretto

indirect cost   il costo indiretto

indirect expenses   le spese indirette

indirect labor   il lavoro indiretto

indirect tax   l'imposta indiretta

industrial accident   l'incidente industriale

industrial arbitration   l'arbitrato industriale

industrial engineering   l'ingegneria industriale, la progettazione industriale

industrial goods   i beni industriali

industrial insurance   l'assicurazione industriale

industrial planning   la pianificazione industriale

industrial relations   le relazioni industriali

industrial union   il sindacato industriale

industry   l'industria

industrywide   a livello industriale

inefficient   inefficiente

inelastic demand or supply   la domanda od offerta rigida o inelastica

infant industry   l'industria nascente

inflation   l'inflazione

inflationary   inflazionistico

infrastructure   l'infrastruttura

inheritance tax   l'imposta di successione

injunction   l'ingiunzione

inland bill of lading   la polizza di carico nazionale

innovation l'innovazione, la novità
input l'entrata, l'"input"
input-output analysis l'analisi entrata/uscita, l'analisi fattori produttivi
insolvent insolvente
inspection l'ispezione
inspector l'ispettore
instability l'instabilità
installment credit il credito a rate
installment plan il sistema di vendita rateale
institutional advertising la pubblicità istituzionale
institutional investor l'investitore istituzionale
instruct (v) istruire
instrument lo strumento
instrumental capital il capitale industriale
insurance l'assicurazione
insurance broker l'agente di assicurazione
insurance company l'agenzia d'assicurazione
insurance fund il fondo di assicurazione
insurance policy la polizza d'assicurazione
insurance premium il premio d'assicurazione
insurance underwriter il sottoscrittore dell'assicurazione
intangible assets gli attivi intangibili
integrated management system il sistema di gestione integrato
interact (v) iniziare un'azione reciproca
interbank interbanca
interest l'interesse
interest arbitrage l'arbitraggio d'interesse
interest, compound l'interesse composto
interest expenses le spese d'interesse
interest income il reddito sugli interessi
interest parity la parità d'interesse
interest period il periodo d'interesse
interest rate il tasso d'interesse
interface l'"interface"
interim provvisorio

interim budget   il preventivo provvisorio
interim statement   la dichiarazione provvisoria
interlocking directorate   le direzioni congiunte
intermediary   l'intermediario
intermediary goods   i beni intermediari
internal   interno
internal audit   la revisione interna
internal funding   i fondi interni
internal rate of return   il rendimento interno
internal revenue tax   le imposte indirette
International Date Line   la Linea Internazionale di Demarcazione (dove il giorno cambia)
interstate commerce   il commercio interstatale
intervene (v)   intervenire
interview   l'intervista
intestate   senza testamento
intrinsic value   il valore intrinseco
invalidate (v)   invalidare
inventory   l'inventario
inventory control   il controllo dell'inventario
inventory, perpetual   l'inventario perpetuo
inventory, physical   l'inventario fisico
inventory turnover   il giro dell'inventario
inverted market   il mercato invertito, il mercato capovolto
invest (v)   investire
invested capital   il capitale investito
investment   l'investimento
investment adviser   il consulente sugli investimenti
investment analysis   l'analisi d'investimento
investment appraisal   la valutazione dell'investimento
investment bank   la banca d'investimento
investment budget   il preventivo d'investimento
investment company   la compagnia d'investimento
investment credit   il credito per investimento
investment criteria   i criteri d'investimento
investment grade   il livello di qualità per investimenti
investment letter   la lettera d'investimento

investment policy   la politica d'investimento

investment program   il programma d'investimento

investment, return on   il ritorno sull'investimento, il profitto sull'investimento

investment strategy   la strategia d'investimento

investment trust   il fondo comune d'investimento

investor relations   la relazioni con gli investitori

invisibles   gli intangibili

invitation to bid   la richiesta d'appalto, il bando d'appalto

invoice   la fattura

invoice, commercial   la fattura commerciale

invoice, consular   la fattura consolare

invoice cost   il costo fatturato

invoice, pro forma   la fattura pro forma

issue (stock)   l'emissione, il valore mobiliare

issue (v)   emettere

issue price   il prezzo d'emissione

issued shares   le azioni emesse

item   la voce

itemize (v)   dettagliare

itemized account   il conto dettagliato

J

Jason clause   la clausola di negligenza

jawbone (v)   chiacchierare

jet lag   il fuso orario

jig (production)   il crivello

job   il lavoro, la mansione

job analysis   l'analisi dell'occupazione, l'analisi del lavoro, l'analisi del progetto

job description   la descrizione del lavoro

job evaluation   la valutazione del lavoro

job hopper   colui che cambia spesso il posto di lavoro

job lot   alla rinfusa

job performance   la valutazione dell'adempimento del lavoro

job security   la garanzia del posto di lavoro

jobber   il lavoratore a cottimo, il grossista

joint account   il conto congiunto
joint estate   il patrimonio congiunto
joint liability   la responsabilità congiunta
joint owner   il comproprietario
joint stock company   la ditta a capitale sociale
joint venture   il joint venture
journal   il giornale
journeyman   l'operaio a giornate
joystick   il comando, il "joystick"
junior partner   il socio secondario
junior security   il titolo a garanzia secondaria
jurisdiction   la giurisdizione

K

keep posted (v)   tenere al corrente
key exports   le esportazioni chiave
key man insurance   l'assicurazione per il personale indispensabile
Keynesian economics   l'economia keynesiana
keypuncher   il perforatore
kickback   la tangente
kiting (banking)   emettere un assegno scoperto e poi depositare la somma necessaria per renderlo valido
knot (nautical)   il nodo
know-how   l'abilità, il "know-how"

L

labor   il lavoro
labor code   il codice del lavoro
labor dispute   la disputa di lavoro, la disputa sindacale
labor force   la forza lavoro
labor-intensive industry   l'industria che dipende molto dal fattore della manodopera
labor law   la normativa sul lavoro
labor leader   il capo sindacale
labor market   il mercato del lavoro
labor relations   i rapporti sindacali

labor-saving gli accorgimenti che tendono a risparmiare sulla manodopera

labor turnover i ricambio della manodopera

labor union il sindacato

laborer il lavoratore

lagging indicator l'indicatore in ritardo

laissez-faire laissez-faire

land la terra

land grant la donazione di terra

land reform la riforma fondiaria

land tax l'imposta fondiaria

landed cost il costo alla destinazione

landing certificate il certificato per lo sbarco

landing charges gli oneri di sbarco

landing costs i costi di sbarco

landowner il proprietario

large-scale grande scala

last in-first out l'ultima partita consegnata-prima partita ad uscire

law la legge

law of diminishing returns la legge dei rendimenti decrescenti

lawsuit la causa

lawyer l'avvocato

lay-off il licenziamento

lay time il tempo di giacenza

lay up (v) disarmare

laydays le stallie

layout lo schema

lead time l'intervallo tra progettazione e produzione, il periodo di preparazione

leader il capo

leading firm la ditta primaria, la ditta "leader"

leading indicator l'indicatore principale

leads and lags gli anticipi e ritardi

leakage la dispersione, lo sconto

learning curve la curva d'insegnamento

lease il contratto d'affitto, il contratto di locazione

lease (v) affittare

leased department   il reparto affittato

leave of absence   l'aspettativa, la licenza

ledger   il libro mastro

ledger account   il conto sul libro mastro

ledger entry   l'entrata nel libro mastro, l'entrata sul registro

legacy   l'eredità

legal capital   il capitale sociale legale

legal entity   l'entità legale

legal holiday   la festività legale

legal list (fiduciary investments)   l'elenco legale

legal monopoly   il monopolio legale, il monopolio di stato

legal tender   la valuta legale

lending margin   il margine di prestito

less-than-carload   il carico inferiore alla capacità di una vettura

less-than-truckload   il carico inferiore alla capacità di un camion

lessee   il locatario

lessor   il locatore

letter   la lettera

letter of credit   la lettera di credito

letter of guaranty   la lettera di garanzia

letter of indemnity   la lettera d'indennità

letter of introduction   la lettera di presentazione

level out (v)   livellare

leverage, financial   l'ammontare di passività nella struttura finanziara dell'impresa

levy taxes (v)   imporre tasse

liability   la responsabilità

liability, actual   la responsabilità effettiva, la passività effettiva

liability, assumed   la responsabilità presunta

liability, contingent   la responsabilità contingente, la sopravvenienza passiva

liability, current   gli impegni attuali, la responsabilità corrente

liability, fixed   la responsabilità fissa

liability insurance   l'assicurazione sulla responsabilità civile

liability, unsecured   l'impegno senza garanzie, la passività senza garanzia

liable for tax   il responsabile per l'imposta

liable to   soggetto a

liaison   il legame

libel   la diffamazione

license   la licenza

license fees   i costi di licenza

licensed warehouse   il deposito

lien   il pegno

life cycle of a product   la durata di un prodotto

life insurance policy   la polizza d'assicurazione sulla vita

life member   il socio a vita

life of a patent   la durata di un brevetto

lighterage   lo scarico con chiatte

limit order (stock market)   l'ordine a termine

limited liability   la responsabilità limitata

limited partnership   la società a responsabilità limitata (s.r.l.)

line executive   il dirigente di linea

line management   l'amministrazione dirigenziale

line of business   l'attività commerciale

line, product   la gamma di prodotti, la linea di prodotti

linear   lineare

linear estimation   la valutazione lineare

linear programming   la programmazione lineare

linear terms   i termini lineari

liquid assets   gli attivi mobili, l'attivo circolante

liquidation   la liquidazione

liquidation value   il valore liquidato

liquidity   la liquidità

liquidity preference (economics)   la preferenza per la liquidità

liquidity ratio   il rapporto di liquidità

list (v)   elencare

list price il prezzo di listino

listed securities le azioni registrate presso la borsa

litigation la lite

living trust il fidecommisso vivente

load (sales charge) il carico, la commissione

load factor il fattore del ricarico

loan il prestito

loan stock i titoli mobiliari prestati a un broker

lobbying i tentativi di influenzare atti governativi con pressioni varie

local customs le usanze locali

local taxes le imposte locali

lock in (v) (rate of interest) bloccare, assicurare

lock out la serrata

logistics la logistica

logo il marchio

long hedge l'investimento di protezione a lunga scadenza

long interest l'interesse lungo

long-range planning la pianificazione a lunga scadenza

long-term capital account il conto capitale a lungo termine

long-term debt il debito a lunga termine

long ton la tonnellata metrica

loss le perdita

loss, gross la perdita lorda

loss leader l'articolo posto in vendita pubblicitaria al di sotto del prezzo necessario per guadagnare un profitto

loss-loss ratio il rapporto perdita contro perdita

loss, net la perdita netta

lot la partita, il lotto

low income il basso reddito

low-interest loans i prestiti con tasso d'interesse basso (favorevole)

low-yield bonds i buoni a basso rendimento

lump sum la somma globale

luxury goods i beni voluttuari

luxury tax l'imposta sui beni di lusso

M

machinery i macchinari

macroeconomics la macroeconomia

magnetic memory la memoria magnetica

magnetic tape il nastro magnetico

mail order l'ordine per corrispondenza

mailing list l'elenco di indirizzi per invio di materiali pubblicitari

mainframe computer l'elaboratore centrale

maintenance la manutenzione

maintenance contract il contratto di manutenzione

maintenance margin il margine di manutenzione

maize il mais, il granoturco

majority interest l'interesse maggioritario

make available (v) rendere disponibile

make-or-buy decision la decisione di fabbricare invece di comprare

maker (of a check, draft, etc.) il fattore

makeshift di fortuna, di ripiego

man (gal) Friday il factotum

man hours le ore lavorative

man-made fibers le fibre artificiali, le fibre sintetiche

manage (v) amministrare

managed costs i costi amministrati, i costi controllabili

managed economy l'economia controllata

managed float la variabilità amministrata o controllata

management l'amministrazione

management accounting la contabilità amministrativa

management, business l'amministrazione commerciale, la gestione commerciale

management by objectives la gestione per obiettivi

management chart il quadro amministrativo, l'organigramma

management consultant il consulente amministrativo

management, credit l'amministrazione del credito

management fee l'onorario amministrativo

management, financial l'amministrazione finanziaria

management group il gruppo amministrativo

management, line l'amministrazione dirigenziale

management, market l'amministrazione del mercato, la gestione del mercato

management, middle l'amministrazione intermediaria

management, office l'amministrazione dell'ufficio, la gestione dell'ufficio

management, personnel la gestione del personale

management, product la gestione del prodotto

management, sales l'amministrazione delle vendite, la gestione delle vendite

management team l'equipe amministrativa

management, top il massimo livello amministrativo, la dirigenza

manager l'amministratore, il direttore

mandate il mandato

mandatory redemption l'estinzione obbligatoria

manifest il manifesto

manpower la manodopera

manual workers gli operai

manufacturer il fabbricante, il produttore

manufacturer's agent l'agente del produttore

manufacturer's representative il rappresentante del produttore

manufacturing capacity la capacità di produzione, la capacità produttiva

manufacturing control il controllo della produzione

margin call richiedere il saldo del deposito per coprire perdite sulla borsa

margin, gross il margine lordo

margin, net il margine netto

margin of safety il margine di sicurezza

margin, profit il margine di profitto

margin requirements le esigenze di margine

marginal account il conto marginale

marginal cost il costo marginale

marginal pricing la determinazione del prezzo marginale

marginal productivity la produttività marginale

marginal revenue i ricavi marginali

marine cargo insurance l'assicurazione marittima

marine underwriter l'assicuratore marino

maritime contract il contratto marittimo

mark down (v) scontare

market il mercato

market (v) vendere, mettere sul mercato, market

market access l'accesso al mercato

market appraisal la valutazione di mercato

market, buyer's il mercato favorevole all'acquirente, il mercato propenso per gli acquirenti

market concentration la concentrazione di mercato

market dynamics la dinamica del mercato

market forces le forze di mercato

market forecast la previsione del mercato

market, fringe il mercato marginale

market index l'indice di mercato

market-maker (securities) il compratore e venditore di titoli mobiliari, colui che crea un mercato

market management l'amministrazione del mercato, la gestione del mercato

market penetration la penetrazione commerciale

market plan il piano di mercato, il programma di mercato

market position la posizione di mercato

market potential il potenziale di mercato

market price il prezzo di mercato

market rating la valutazione del mercato

market report il rapporto sul mercato

market research la ricerca di mercato

market saturation la saturazione del mercato

market share la quota di mercato

market survey l'indagine di mercato

market trends le tendenze del mercato

market value il valore di mercato

marketable securities   i titoli di sicura affidabilità che possono essere posti sul mercato, i titoli mobiliari

marketing   il marketing

marketing budget   il preventivo per il marketing

marketing concept   il concetto di marketing

marketing plan   la strategia di marketing

marketplace   il mercato

markup   il ricarico

mass communications   le comunicazioni di massa

mass marketing   il marketing per il mercato di massa

mass media   i mezzi di communicazione, i "mass media"

mass production   la produzione di serie

matched samples   i campioni uniformi

materials   i materiali

maternity leave   il congedo di maternità

mathematical model   il modello matematico

matrix management   l'amministrazione a matrice

maturity   la maturità

maturity date   la data di maturazione

maximize (v)   ottimizzare

mean (average)   la media

measure (v)   misurare

mechanical engineering   l'ingegneria meccanica

mechanics' lien   il pegno per il mercato

median   il valore mediano

mediation   la mediazione

medium of exchange   il mezzo di scambio

medium term   il medio termine

meet the price (v)   venire incontro al prezzo

meeting   la riunione

meeting, board   la riunione del consiglio

member firm   la ditta associata

member of firm   il socio

memorandum   il memorandum, l'appunto

mercantile   mercantile

mercantile agency   l'agenzia mercantile

mercantile law   la legge mercantile

merchandise i prodotti
merchandising la mercanzia
merchant il mercante
merchant bank la merchant bank
merchant guild l'associazione mercantile
merger la fusione
metals i metalli
method il metodo
metrification la metrificazione
microchip il microchip
microcomputer il micro computer
microfiche la microfiche
microfilm il microfilm
microprocessor il micro elaboratore
middle management l'amministrazione intermediaria
middleman l'intermediario
milling la macinatura, la fresatura
minicomputer il mini computer, il mini elaboratore elettronico
minimum reserves le riserve minime
minimum wage la paga minima, la paga base
minority interest l'interesse minoritario
mint la zecca
miscalculation il calcolo errato
miscellaneous varie
misleading ingannevole
misunderstanding malinteso
mixed cost il costo misto
mixed sampling la campionatura mista
mobility of labor la mobilità della manodopera
mock-up il modello
mode la maniera
model il modello
modem il modulatore per la trasmissione di dati via cavo
modular production la produzione modulare
monetary base la base monetaria
monetary credits i crediti monetari

monetary policy la politica monetaria
money il denaro
money broker il cambio valute, l'intermediario valutario
money manager l'amministratore finanziario
money market il mercato monetario
money order il vaglia postale
money shop il negozio di denaro
money supply la disponibilità dei capitali
monitor il monitor
monopoly il monopolio
monopsony il monopsonio
Monte Carlo technique la tecnica di Monte Carlo
moonlighting il lavoro nero
morale il morale
moratorium il moratorio
mortgage l'ipoteca
mortgage bank la banca ipotecaria
mortgage bond l'obbligazione garantita da ipoteca
mortgage certificate il certificato ipotecario
mortgage debenture l'obbligazione ipotecaria
most-favored nation il paese con trattamento preferenziale
motion la mozione
motivation study lo studio motivazionale
movement of goods lo spostamento dei beni
moving average la media variabile
moving expenses le spese di trasloco
moving parity la parità variabile
multicurrency i multivalutario
multilateral agreement la convenzione multilaterale
multilateral trade il commercio multilaterale
multinational corporation la società multinazionale
multiple exchange rate il tasso di cambio multiplo
multiple taxation la tassazione multipla
multiples i multipli
multiplier il moltiplicatore
multiprogramming multiprogrammato

municipal bond   l'obbligazione municipale

mutual fund   il fondo d'investimento

mutual savings bank   la cassa cooperativa di risparmio

mutually exclusive classes   le classi mutualmente esclusive

N

named inland point in country of origin   il punto interno denominato nel paese d'importazione

named point of destination   la destinazione indicata

named point of exportation   il punto d'esportazione indicato

named point of origin   il punto d'origine indicato

named port of importation   il porto d'importazione denominato

named port of shipment   il porto di spedizione denominato

national bank   la banca nazionale

national debt   il debito nazionale

nationalism   il nazionalismo

nationalization   la nazionalizzazione

native produce   il prodotto locale

natural resources   le risorse naturali

near money   l'attività finanziaria a brevissimo termine

needs analysis   l'analisi delle esigenze

negative cash flow   il flusso di cassa negativo

negative pledge   il pegno negativo

negligent   negligente

negotiable   negoziabile

negotiable securities   i titoli mobiliari negoziabili

negotiate (v)   negoziare, trattare

negotiated sale   la vendita negoziata

negotiation   il negoziato

net   netto

net asset value   il valore netto degli attivi

net asset worth   il valore netto degli attivi

net assets   gli attivi netti

net borrowed reserves   le riserve di capitali presi a prestito

net cash flow   il flusso netto di cassa

net change   il cambio netto, il cambiamento netto

net equity assets   gli attivi netti sulle azioni ordinarie

net income   il reddito netto

net investment   l'investimento netto

net loss   la perdita netta

net margin   il margine netto

net position (of a trader)   la posizione netta

net present value   il valore attuale netto

net profit   il profitto netto

net sales   le vendite nette

net working capital   il capitale circolante al netto

net worth   il capitale azionario, il valore netto

network (v)   stabilire contatti capillari

new issue   la nuova emissione

new money   l'infusione di fondi da nuove fonti

new product development   lo sviluppo di nuovi prodotti

night depository   la cassa notturna

no-load fund   il fondo d'investimento senza commissioni

no par value   senza valore alla pari

no problem   nessun problema

nominal price   il prezzo nominale

nominal yield   il reddito nominale

noncumulative preferred stock   le azioni privilegiate non cumulative

noncurrent assets   l'attività non a breve termine

nondurable goods   i beni non durevoli

nonfeasance   le trasgressione

nonmember   il non associato, il non socio

nonprofit   senza fini di lucro

nonresident   il non residente, lo straniero

nonvoting stock   le azioni senza diritto di voto

norm   la norma

not otherwise indexed by name   non oltre indicato per nome

notary il notaio
note, credit la nota di accredito
note, debit la nota di addebito
note, promissory la cambiale, il pagherò cambiario
notes receivable le cambiali esigibili
novation la novazione
null and void nullo a tutti gli effetti
nullify (v) annullare
numerical control il controllo numerico

O

obligation l'obbligazione
obsolescence l'obsolescenza
occupation l'occupazione
occupational hazard il pericolo professionale
odd lot le rimanenze, la partita frazionata
odd lot broker il mediatore di partite sparse
off board (stock market) non ufficiale
off-line inattivo, "off-line"
off-the-books non registrato
offer (v) offrire
offer for sale (v) porre in vendita
offered price il prezzo offerto
offered rate il tasso offerto
office l'ufficio
office, branch la filiale
office, head la sede generale
office management l'amministrazione dell'ufficio, la gestione dell'ufficio
offset printing la fotolitografia
offshore company la ditta offshore
oligopoly l'oligopolio
oligopsony l'oligopsonio
omit (v) omettere
on account in conto
on consignment su rimessa
on cost su costo
on demand su richiesta

on line (computer)   pronto per l'utilizzo, "on line"

on the back   sul retro

on-the-job training   l'istruzione sul posto di lavoro

open account   il conto aperto

open cover   la copertura in abbonamento

open door policy   la politica di apertura

open market   il mercato aperto

open market operations   le operazioni di mercato aperto

open order   l'ordine continuo

open shop   la fabbrica aperta anche ai non iscritti al sindacato

opening balance   il bilancio d'apertura

opening price   il prezzo iniziale, il prezzo di apertura del mercato

operating budget   il preventivo operativo

operating expenses   le spese operative

operating income   il reddito operativo

operating profit   gli utili diretti

operating statement   la dichiarazione operativa

operations audit   il controllo operativo

operations headquarters   la sede amministrativa

operations management   la gestione delle operazioni

operator   l'operatore

opportunity costs   il costo dell'opportunità

option   l'opzione

option index   l'indice delle opzioni

option, stock   l'opzione sulle azioni

optional   opzionale, facoltativo

oral bid   l'offerta a voce

order   l'ordine

order (v)   ordinare

order form   il modulo

order number   il numero dell'ordine

order of the day   l'ordine del giorno

order, to place an (v)   piazzare un ordine

ordinary capital   il capitale ordinario

organization   l'organizzazione

organization chart   l'organigramma

original cost il costo originale
original entry l'entrata originale
original maturity la data originale di maturazione
other assets (and liabilities) le altre attività (e passività)
out-of-pocket expenses le spese di tasca propria
outbid (v) offrire di più
outlay lo sborsamento
outlet lo sbocco
outlook la prospettiva
output la produzione
outsized articles gli articoli fuori misura
outstanding contract il contratto insoluto
outstanding debt i debiti insoluti
outstanding stock le azioni in circolazione
outturn la produzione
over-the-counter quotation le quotazione fuori borsa
overage l'eccesso
overbuy (v) acquistare in quantità eccesiva
overcapitalized capitalizzato in eccesso
overcharge il sovrapprezzo
overdraft la somma in eccesso ai fondi disponibili
overdue scaduto
overhang la sporgenza
overhead le spese fisse generali
overlap la sovrapposizione
overnight nel giro di una notte
overpaid sovrappagato
overseas common point il punto comune oltremare
oversell (v) vendere più di quanto si abbia
overstock il sovraccarico
oversubscribed sottoscritto oltre il necessario
oversupply le forniture oltre il necessario
overtime il lavoro straordinario
overvalued sopravvalutato
owner il proprietario
owner's equity l'interesse del proprietario
ownership la proprietà
ownership, absentee il proprietario assente

P

p/e ratio   il rapporto tra i prezzi ed i guadagni di un azione

package deal   la trattativa complessiva

packaging   l'imballaggio

packing case   la cassa d'imballo

packing list   il listino d'imballaggio

paid holiday   il giorno festivo pagato

paid in full   completamente pagato

paid-in surplus   l'eccedenza versata

paid up capital   il capitale versato

paid up shares   le azioni liberate

pallet   il pallet

palletized freight   la merce pallettizzata

paper   la carta

paper profit   il profitto su carta, gli utili su carta

paper tape   il nastro di carta

par   pari

par, above   sopra la pari

par, below   sotto la pari

par value   il valore al pari

parcel post   il pacco postale

parent company   la ditta madre, l'azienda madre

parity   la parità

parity income ratio   il rapporto tra il reddito e la parità

parity price   il prezzo di parità

part cargo   la parte della merce

partial payment   il pagamento parziale

participating preferred stock   le azioni preferenziali di partecipazione sugli utili

participation fee   la tariffa di partecipazione

participation loan   il prestito partecipato

particular average loss   la perdita media particolare

partner   il socio

partnership   la società di persone

parts   le parti

passbook   il libretto di deposito bancario

passed dividend   il dividendo eliminato

past due   scaduto

patent   il brevetto

patent application   il modulo di richiesta per brevetto

patent law   la legge sui brevetti

patent pending   il brevetto richiesto

patent royalty   i diritti di brevetto

patented process   la procedura brevettata

pattern   il modello, il disegno

pay (v)   pagare

pay as you go   pagare in contanti

pay up (v)   saldare

payable on demand   pagabile su richiesta

payable to bearer   pagabile al portatore

payable to order   pagabile all'ordine

payback period   il periodo di ripagamento

payee   il creditore

payer   il pagante

payload   il carico effettivo

paymaster   il preparatore delle paghe

payment   il pagamento

payment in full   il pagamento completo

payment in kind   il pagamento in natura

payment refused   il pagamento rifiutato

payoff   la liquidazione dei conti

payout period   il periodo di pagamento

payroll   il libro paga

payroll tax   l'imposta sui salari

peak load   il carico massimo

peg (v)   fissare

pegged price   il prezzo fissato

penalty clause   la clausola di penalità

penalty-fraud action   l'azione di penalità per azioni di frode

penny stock   le azioni con un valore inferiore ad un dollaro

pension fund   il fondo pensionistico

per capita   pro capite

per diem   la diaria

per share per azione
percentage earnings la percentuale di guadagni
percentage of profits la percentuale di profitti
performance bond l'assicurazione d'adempimento
periodic inventory l'inventario periodico
peripherals le aggiunte
perks i benefici
permit il permesso
perpetual inventory l'inventario perpetuo
personal deduction la detrazione personale
personal exemption l'esenzione personale
personal income tax l'imposta sul reddito delle persone fisiche (IRPEF)
personal liability la responsabilità personale
personal property la proprietà personale
personality test l'esame della personalità
personnel administration l'amministrazione del personale
personnel department il reparto personale
personnel management la gestione del personale
petrochemical la petrochimica
petrodollars i petrodollari
phase in (v) introdurre
phase out (v) eliminare
physical inventory l'inventario fisico
phytosanitary regulations le normative fitosanitarie
picket line la linea di picchettaggio
pickup and delivery il ritiro e la consegna
pie chart il grafico a fette
piecework il lavoro a cottimo
piggyback service il trasporto di containers con camion
pilferage il piccolo furto
pilotage il pilotaggio
pipage le tubazioni
place an order (v) piazzare un ordine, ordinare
place of business il posto di lavoro
placement (personnel) il collocamento
plan il piano

plan (v) progettare

plan, action il piano d'azione

plan, market il piano di mercato, il programma di mercato

planned obsolescence l'obsolescenza programmata

plant capacity la capacità produttiva della fabbrica, la potenziale di capacità produttiva di un impianto

plant location la localizzazione degli impianti

plant manager l'amministratore della fabbrica

pledge l'impegno, la promessa

plenary meeting la riunione plenaria

plow back (v) (earnings) reinvestire

plus accrued interest compreso interessi accumulati

point (percentage, mortgage term) i centesimi di percentuale per ipoteche

point, break-even il punto di pareggio, il punto della parità, il volume di vendite al quale c'è equilibrio tra ricavi e costi

point of order la questione di procedura

point of sale il punto di vendita

policy la polizza

policyholder l'assicurato

pool (of funds) il fondo monetario comune

pool (v) mettere in fondo comune

pooling of interests gli interessi in comune

portfolio la cartella, il portafoglio

portfolio management l'amministrazione della cartella degli investimenti

portfolio, stock la cartella d'azioni

portfolio theory la teoria d'azione relativa agli investimenti

position limit il limite di perdita

positive cash flow il movimento positivo dei fondi

post (v) (bookkeeping) registrare

postdated postdatato

postpone (v) posticipare

potential buyer l'acquirente potenziale, il compratore potenziale

potential sales le vendite potenziali

power of attorney la procura

practical   pratico

preemptive right   il diritto di prelazione

prefabrication   il prefabbricazione

preferential debts   i debiti preferenziali

preferred stock   l'azione preferenziale

preferred tariff   la tariffa preferenziale

preliminary prospectus   il prospetto preliminare

premises (location)   l'edificio

premium, acceleration   il premio d'accelerazione

premium, insurance   il premio d'assicurazione

premium offer   l'offerta premio

premium payment   il pagamento del premio

premium price   il prezzo di premio

prepaid expenses (balance sheet)   le spese prepagate

prepay (v)   prepagare

president   il presidente

preventive maintenance   la manutenzione preventiva

price   il prezzo

price (v)   stabilire il prezzo

price, competitive   il prezzo concorrenziale

price cutting   i tagli dei prezzi, la riduzione dei prezzi

price differential   il differenziale dei prezzi

price/earnings ratio   il rapporto tra i prezzi ed i guadagni di un azione

price elasticity   l'elasticità del prezzo

price, fix the (v)   fissare il prezzo

price index   l'indice dei prezzi

price limit   il prezzo limite

price list   il listino prezzi

price, market   il prezzo di mercato

price range   la gamma dei prezzi

price support   il sostegno del prezzo

price tick   lo sbalzo di prezzo

price war   la guerra sui prezzi

primary market   il mercato primario

primary reserves   le riserve primarie

prime cost   il costo primo

prime time   le ore migliori per la pubblicità televisiva

principal il principale
printed matter le stampe
printout lo stampato
priority la priorità
private fleet la flotta privata
private label (or brand) la produzione per conto terzi
private placement (finance) la collocazione privata
pro forma invoice la fattura pro forma
pro forma statement la dichiarazione pro forma
probate l'omologazione
problem il problema
problem analysis l'analisi del problema
problem solving la risoluzione di problemi
proceeds i proventi
process (v) trasformare, lavorare
process, production il procedimento di produzione, il processo produttivo
processing error l'errore di elaborazione
procurement l'acquisto
product il prodotto
product analysis l'analisi del prodotto
product design il disegno del prodotto
product development lo sviluppo del prodotto
product dynamics la dinamica del prodotto
product group il gruppo di prodotti
product life la durata del prodotto
product line la gamma di prodotti, la linea di prodotti
product management la gestione del prodotto
product profitability l'utile del prodotto
production la produzione
production control il controllo della produzione
production costs i costi di produzione
production line la linea di produzione
production process il procedimento di produzione, il processo produttivo
production schedule il programma di produzione
productivity la produttività
productivity campaign la campagna di produttività

profession   la professione

profit   il profitto, gli utile

profit and loss statement   la dichiarazione degli utili e delle perdite, il conto profitti e perdite

profit factor   il fattore degli utili, il fattore dei profitti

profit, gross   il profitto lordo, l'utile lordo

profit impact   l'impatto dei profitti, l'impatto sugli utili

profit margin   il margine di profitto

profit, net   il profitto netto

profit projection   la proiezione degli utili

profit sharing   la spartizione degli utili

profit taking   la vendita per la realizzazione di profitti

profitability   la redditività

profitability analysis   l'analisi dei profitti, l'analisi del rapporto tra costo e profitto, lo studio sulla profittabilità

program   il programma

program (v)   programmare

prohibited goods   i beni proibiti

project   il progetto

project (v)   proiettare, progettare

project planning   la pianificazione del progetto

promissory note   la cambiale, il pagherò cambiario

promotion   la promozione

promotion, sales   la promozione delle vendite

prompt   pronto, sollecito

proof of loss   la verifica della perdita

property   la proprietà

proprietary   il diritto di proprietario

proprietor   il proprietario

prospectus   il prospetto

protectionism   il protezionismo

protest (banking; law) (v)   protestare

proxy   la procura

proxy statement   la dichiarazione per procura

prudent man rule   la norma dell'uomo giudizioso

public auction   l'asta pubblica

public company   l'azienda pubblica

public domain il dominio pubblico

public funds i fondi pubblici

public offering l'offerta al pubblico

public opinion poll il sondaggio della opinione pubblica

public property la proprietà pubblica

public relations le pubbliche relazioni

public sale la vendita pubblica

public sector il settore pubblico

public utilities i servizi pubblici

public works i lavori pubblici

publicity la pubblicità

pump priming l'investimento di fondi per iniziare l'attività

punch card la scheda perforata

purchase (v) acquistare, comprare

purchase money mortgage l'ipoteca

purchase order l'ordine d'acquisto

purchase price il prezzo d'acquisto

purchasing agent l'agente d'acquisto

purchasing manager l'amministratore degli acquisti

purchasing power il potere d'acquisto

pure risk il rischio puro

put and call la compravendita di azioni sopra o sotto il prezzo attuale

put in a bid (v) mettere in appalto

put option l'opzione di vendita (di un'azione a un prezzo superiore a quello attuale)

pyramid selling la vendita piramidale

Q

qualifications le qualifiche

qualified acceptance endorsement la girata d'accettazione qualificata

quality control il controllo di qualità

quality goods i beni di qualità

quantity la quantità

quantity discount lo sconto per quantità

quasi-public company l'azienda quasi pubblica

quick assets   le attività prontamente realizzabili
quitclaim deed   la rinuncia ad un atto di proprietà
quorum   il quorum
quota   la quota
quota, export   la quota d'esportazione
quota, sales   la quota di vendita
quota system   il sistema di contingentamento
quotation   la quotazione, la citazione

R

rack jobber   la lavorazione su commessa
rail shipment   il trasporto ferroviario
rain check   l'abbuono per ricevere merce esaurita in un'altra data
raising capital   l'innalzamento dei capitali, il raccoglimento dei capitali
rally   il rafforzamento delle azioni
random access memory   la memoria d'accesso casuale
random sample   il campione casuale
rate   il tasso
rate, base   il tasso di base
rate of growth   il tasso di crescita
rate of increase   il tasso d'incremento
rate of interest   il tasso d'interesse
rate of return   il tasso di rimunerazione, il tasso di rendimento
rating, credit   la valutazione dei crediti
rating, market   la valutazione del mercato
ratio   la proporzione
ration (v)   razionare
raw materials   la materia prima
re-export (v)   riesportare
ready cash   il denaro disponibile
real assets   gli attivi reali
real estate   gli immobili
real income   il reddito reale
real investment   l'investimento reale
real price   il prezzo reale
real time   il tempo reale

real wages   il salario reale
reasonable care   la cura ragionevole
rebate   l'abbuono, lo sconto
recapitalization   la ricapitalizzazione
receipt   la ricevuta
recession   la recessione
reciprocal training   l'istruzione reciproca
record date   la data di registrazione
recourse   il ricorso
recovery   il ricovero
recovery of expenses   il rimborso delle spese
red tape   la prassi burocratica
redeemable bonds   le obbligazioni redimibili
redemption allowance   la deduzione convertibile
redemption fund   il fondo di investimento redimibile
redemption premium   il premio di redimibilità
rediscount rate   il tasso di risconto
reference, credit   la referenza bancaria, la referenza
  per ottenere credito
reference number   il numero di riferimento
refinancing   il rifinanziamento
reflation   la riflazione
refund   il rimborso
refuse acceptance (v)   rifiutare accettazione
refuse payment (v)   rifiutare pagamento
regard (with regard to)   riguardo (al riguardo)
registered check   l'assegno nominativo
registered mail   la raccomandata
registered representative   il rappresentante nominato
registered security   il titolo nominativo
registered trademark   il marchio registrato
regression analysis   l'analisi di regressione
regressive tax   l'imposta regressiva
regular warehouse   il magazzino regolare
regulation   la normativa
reimburse (v)   rimborsare
reinsurer   il riassicuratore
reliable source   la fonte attendibile

remainder (v) liquidare
remedy (law) il rimedio
remission duty la remissione dell'imposta
remission of a tax la remissione di una tassa
remuneration la rimunerazione
renegotiate (v) rinegoziare
renew (v) rinnovare
rent l'affitto
reorder (v) riordinare
reorganize (v) riorganizzare
repay (v) ripagare
repeat order l'ordine ripetuto
replacement cost il costo di ricambio
replacement parts le parti di ricambio
reply; in reply to il riscontro; a riscontro di
reply (v) rispondere
report la relazione
repossession il rientro in possesso
representative il rappresentante
reproduction costs i costi d' riproduzione
request for bid il bando di appalto
requirements le esigenze, le requisiti
resale la rivendita
research la ricerca
research and development la ricerca e lo sviluppo
reserve la riserva
resident buyer il compratore in loco
resolution (legal document) la risoluzione
resources allocation l'allocazione delle risorse
restrictions on export le restrizioni all'esportazione
restrictive labor practices le procedure restrittive di lavoro
restructure (v) ristrutturare
résumé il curriculum vitae
retail al dettaglio
retail bank la banca al dettaglio, la banca per il consumatore
retail merchandise i beni al dettaglio

retail outlet   il negozio al dettaglio

retail price   il prezzo al dettaglio

retail sales tax   l'imposta sulla vendita al dettaglio

retail trade   il commercio al dettaglio

retained earnings   i profitti ritenuti, i guadagni ritenuti, gli utili ritenuti

retirement   il congedo, il pensionamento

retroactive   arretrato

return on assets managed   il rendimento sulle attività amministrate

return on capital   i proventi sul capitale, il rendimento sul capitale

return on equity   il reddito sul capitale netto

return on investment   il profitto sull'investimento, il ritorno sull'investimento

return on sales   la resa sulle vendite

return, rate of   il tasso di rimunerazione, il tasso di rendimento

revaluation   la rivalutazione

revenue   l'introito, il ricavo

revenue bond   l'obbligazione garantita dai ricavi dell'emittente

reverse stock split   la riduzione nel numero delle azioni

revocable trust   il fondo d'investimento fiduciario revocabile

revolving credit   il credito rotativo

revolving fund   il fondo d'investimento rotativo

revolving letter of credit   la lettera di credito rotativa

reward   il premio

rider (contracts)   la postilla

right of recourse   il diritto al ricorso

right of way   la precedenza

risk   il rischio

risk analysis   l'analisi del rischio

risk assessment   la valutazione del rischio

risk capital   il capitale per finanziare nuove iniziative

rollback   la riduzione

rolling stock   il materiale rotante

rollover   il rinvestimento degli utili di un investimento

rough draft   la bozza

rough estimate   la stima

round lot   la partita arrotondata, la partita intera

routine   la routine

royalty (payment)   i diritti d'autore

running expenses   le spese correnti, le spese operative

rush order   l'ordine urgente

S

safe deposit box   la cassetta di sicurezza

safeguard   il salvaguardia

salary   il salario

sale and leaseback   la vendita e il riaffitto

sales   le vendite

sales analysis   l'analisi delle vendite

sales budget   il preventivo per le spese di vendita

sales estimate   la stima delle vendite, le vendite previste

sales force   il personale di vendita

sales forecast   le previsioni di vendita

sales management   l'amministrazione delle vendite, la gestione delle vendite

sales promotion   la promozione delle vendite

sales quota   la quota di vendita

sales tax   l'imposta sulle vendite

sales territory   il territorio di vendita

sales turnover   il giro delle vendite

sales volume   il volume delle vendite

salvage (v)   recuperare

salvage charges   le spese di recupero

salvage value   il valore di recupero

sample (v)   campionare

sample line   la linea campionaria

sample size   la misura del campione

savings   i risparmi

savings account   il conto di risparmio

savings bank   la cassa di risparmio

savings bond il buono di risparmio
scalper il bagarino
schedule l'orario
screen (v) selezionare
script il copione
sealed bid l'appalto sigillato
seasonal stagionale
second mortgage l'ipoteca secondaria
second position la posizione secondaria
secondary market (securities) il mercato secondario per titoli mobiliari
secondary offering (securities) l'offerta secondaria di titoli di sicura affidabilità
secretary la/il segretaria/o
secured accounts i conti garantiti, i crediti garantiti
secured liability l'impegno garantito, la passività garantita
securities i titoli di sicura affidabilità, i titoli mobiliari, le azioni, le obbligazioni
security la sicurezza, la garanzia
self-appraisal l'auto-critica
self-employed, be (v) lavorare per conto proprio
self-management l'autogestione
self-service il self-service
sell (v) vendere
sell direct (v) vendere diretta
sell, hard la vendita aggressiva
sell, soft la vendita non aggressiva
semi-variable costs i costi semi-variabili
senior issue l'emissione primaria
seniority l'anzianità
separation la separazione
serial bonds le obbligazioni a scadenza periodica
serial storage l'immagazzinaggio
service (v) mantenere
service, advisory il servizio consultivo
service contract il contratto di manutenzione
service, customer il servizio reso al cliente
set-up costs i costi iniziali

settlement la definizione
settlement, full il saldo completo
severance pay la bonuscita
shareholder l'azionista
shareholder's equity il capitale netto dell'azionista
shareholders' meeting la riunione degli azionisti
shares le azioni
shift (labor) il turno
shipment la spedizione, la consegna
shipper lo spedizioniere
shipping agent l'agente spedizioniere
shipping charges i costi di trasporto
shipping expenses le spese di spedizione, le spese di trasporto
shipping instructions le istruzioni per il trasporto
shopping center il centro acquisti fuori dall'area urbana
short delivery la consegna incompleta
short of, to be (v) mancare
short position la posizione scoperta
short sale la vendita allo scoperto
short shipment la spedizione incompleta
short supply le forniture carenti
short-term capital account il conto capitale a breve termine
short-term debt il debito a breve termine
short-term financing il finanziamento a breve termine
shortage la carenza, la mancanza
shrink-wrapping l'imballaggio utilizzando pellicole di plastica ristretta
sick leave il congedo per malattia
sight draft la tratta a vista
signature la firma
silent partner il socio accomandante
simulate (v) simulare
sinking fund il fondo d'ammortamento per il ritiro di obbligazioni
skilled labor la manodopera specializzata

sliding parity   la parità variabile
sliding scale   la scala variabile
slump   la fase negativa
small business   la piccola industria
soft currency   la valuta debole
soft goods   i beni non durevoli
soft loan   il prestito con minor garanzia
soft sell   la vendita non aggressiva
software   il software
software broker   il mediatore di software
sole agent   l'agente esclusivo
sole proprietor   il proprietario unico
sole rights   i diritti esclusivi
solvency   la liquidità
specialist (stock exchange)   lo specialistà
specialty goods   i beni specializzati
specific duty   il dazio specifico, l'imposta specifica
speculator   lo speculatore
speed up (v)   accelerare
spin off (v)   lanciare un nuovo prodotto sulla base di un altro prodotto
spoilage   lo scarto
sponsor (of fund, partnership)   lo "sponsor"
spot delivery   la consegna immediata
spot market   il mercato a contanti
spread   la variazione
spreadsheet   il modulo multiplo, lo "spreadsheet"
staff   il personale
staff and line   il personale e i dirigenti
staff assistant   l'assistente di servizio
staff organization   l'organigramma di servizio
stagflation   la stagflazione
stale check   l'assegno vecchio
stand-alone word processor   l'elaboratore del testo autonomo
stand-alone workstation   il posto di lavoro autonomo
stand in line (v)   fare la coda
standard costs   i costi normali, i costi standard

standard deviation lo scarto quadratico medio

standard of living il tenore di vita

standard practice le pratiche d'uso

standard time l'ora solare

standardization la standardizzazione

standing charges la tariffa fissa

standing costs i costi fissi

standing order l'ordine fisso

start-up cost i costi iniziali

statement la dichiarazione

statement, financial il bilancio, la dichiarazione finanziaria

statement of account la dichiarazione di conto

statement, pro forma la dichiarazione pro forma

statement, profit and loss la dichiarazione degli utili e delle perdite

statistics le statistiche

statute lo statuto

statute of limitations la scadenza oltre la quale non sono permesse azioni legali

stock il valore, il titolo, l'azione

stock certificate il certificato azionario

stock control il controllo dei valori, il controllo delle azioni

stock exchange la borsa

stock index l'indice della borsa

stock market la borsa

stock option l'opzione sulle azioni

stock portfolio il portafoglio azionario

stock power il potere delle azioni, l'autorizzazione a collateralizzare azioni

stock profit l'utile dalle azioni

stock purchase l'acquisto valori mobiliari

stock split il frazionamento delle azioni

stock takeover l'insediamento tramite acquisto del controllo azionario

stock turnover il giro delle azioni, il ricambio delle azioni

stockbroker il mediatore delle azioni

stockholder l'azionista

stockholders' equity il capitale degli azionisti, il capitale azionario

stop-loss order l'ordine di fermo perdita

storage l'immagazzinaggio

store (v) accumulare

stowage lo stivaggio

stowage charges i costi di stivaggio

straddle l'opzione col privilegio di acquistare o vendere un'azione allo stesso prezzo

strapping l'azione che deriva dalla richiesta di esercitare due opzioni di acquisto ed una di vendita

strategic articles gli articoli strategici

streamline (v) affusolare, scorrere in modo regolare

stress management l'amministrazione della tensione

strike (v) scioperare

strike, wildcat lo sciopero selvaggio

strikebreaker (scab) il crumiro

stuffing l'imbottitura

subcontract (v) subappaltare

subcontractor il subappaltatore

sublet il subaffitto

subscription price il prezzo di sottoscrizione

subsidiary la filiale

subsidy il sussidio

substandard deficiente, sotto norma

sum of the year's digits la somma dei numeri dell'anno precedente, il metodo di ammortamento accellerato

supersede (v) sostituire

supervisor il supervisore

supplier il fornitore

supply and demand l'offerta e la domanda

support activities le funzioni di sostegno

surcharge il sovraccarico, il soprapprezzo

surety company la ditta garante

surplus capital il capitale eccedente

surplus goods i beni eccedenti

surtax la soprattassa

suspend payment (v) sospendere il pagamento

switching charges le spese di scambio

sworn statement la dichiarazione sotto giuramento

syndicate (v) costituire un sindacato

systems analysis l'analisi dei sistemi

systems design la progettazione dei sistemi di elaborazione

systems engineering la progettazione dei sistemi di elaborazione

systems management l'amministrazione dei sistemi di elaborazione

T

table of contents l'indice

take down (v) smontare, ritirare

take off (v) decollare

take-home pay lo stipendio netto

take out (v) eliminare, togliere

takeover l'insediamento

takeover bid l'offerta d'insediamento

tangible assets i beni reali

tanker la petroliera

target price il prezzo indicativo

tariff la tariffa

tariff barriers le barriere doganali, le barriere tariffarie

tariff charges i costi tariffari

tariff classification la classificazione doganale

tariff commodity la voce tariffaria

tariff differential il differenziale tariffario

tariff war la guerra tariffaria

task force il gruppo di esperti

tax la tassa, l'imposta

tax allowance lo sgravio fiscale

tax base la base delle tasse imponibili

tax burden l'onere fiscale

tax collector l'esattore delle tasse

tax deduction la detrazione dalle imposte

tax evasion l'evasione fiscale

tax, excise l'imposta sui consumi, la tassa sul consumo

tax, export l'imposta d'esportazione

tax-free income il reddito esentasse

tax haven il rifugio fiscale, il paradiso fiscale

tax, import l'imposta d'importazione

tax relief lo sgravio fiscale

tax, sales l'imposta sulle vendite

tax shelter la riduzione delle tasse tramite facilitazioni permesse dal governo

taxation la tassazione

team, management l'equipe amministrativa

telecommunications le telecomunicazioni

telemarketing il marketing telefonico

teleprocessing la tele-elaborazione

teller il cassiere

tender l'offerta

tender, legal la valuta legale

tender offer dare in appalto, offerta d'acquisto

term bond il buono a termine

term insurance l'assicurazione a scadenza

term loan il prestito a termine

terminal il terminale

terminate (v) terminare

terms of sale le condizioni di vendita

terms of trade le condizioni di commercio

territorial waters le acque territoriali

territory il territorio

thin market il mercato debole, i pochi ordini di acquisto a un dato prezzo

third-party exporter l'esportatore per conto terzi

third window la terza finestra, il terzo sbocco

through bill of lading la tramite polizza di carico

throughput la quantità di materiale messa in produzione durante un determinato periodo

tick, price lo sbalzo di prezzo

ticker tape il nastro della telescrivente

tied aid l'assistenza vincolata

tied loan il prestito vincolato

tight market il mercato ristretto

time and motion study lo studio del rapporto tra tempo e movimento

time bill (of exchange) la cambiale a termine

time deposit il deposito a tempo

time, lead l'intervallo tra progettazione e produzione, il periodo di preparazione

time order l'ordine a scadenza

time sharing la multiproprietà

time zone il fuso orario

timetable l'orario, la tabella

tip (inside information) l'informazione riservata

title il titolo

title insurance l'assicurazione del diritto di possesso

to the bearer al portatore

tombstone il avviso al pubblico di sottoscrizione di azione o obbligazione su giornali finanziari

tonnage la stazza

tools gli attrezzi, gli utensili

top management i dirigenti, il massimo livello amministrativo

top price il prezzo massimo

top quality la migliore qualità

top up (v) riempire

tort il torto

trade il commercio

trade (v) commerciare

trade acceptance l'accetazione commerciale

trade agreement il patto commerciale, la convenzione commerciale

trade association l'associazione settoriale, l'associazione commerciale

trade barrier la barriera commerciale

trade commission l'ufficio commerciale

trade credit il credito commerciale

trade date il giorno di vendita per azioni

trade discount lo sconto agli operatori settoriali

trade, fair il commercio equo, la fiera commerciale

trade house la ditta che tratta scambi commerciali

trade-off   lo scambio

trade union   il sindacato

trademark   il marchio registrato

trader   il commerciante

trading company   la ditta import/export, il "trading company"

trading floor (stock exchange)   la sala delle negoziazioni

trading limit   il limite generalmente giornaliero dell'aumento o decremento dei valori

trainee   l'impiegato in fase d'addestramento

tranche   la tranche, la fetta

transaction   la transazione

transfer   la trasferta, il trasferimento

transfer agent   l'agente che effettua i trasferimenti dei titoli

transit, in   in transito

translator   il traduttore

transportation   il trasporto

traveler's check   l'assegno per il viaggiatore, il "traveler's check"

treasurer   il tesoriere

treasury bills   i buoni del tesoro a breve termine

treasury bonds   le obbligazioni del tesoro

treasury notes   le banconota

treasury stock   le azioni riacquistate

treaty   il trattato

trend   la tendenza

trial balance   il bilancio provvisorio

troubleshoot (v)   scoprire e localizzare i guasti

truckload   il carico di un camion

trust   il fondo d'investimento

trust company   la società per la gestione degli investimenti

trust fund   il fondo d'investimento fiduciario

trust receipt   la ricevuta fiduciaria

trustee   l'amministratore fiduciario

turnkey   le chiavi in mano

turnover, asset   il giro d'attività, il movimento d'attività

turnover, inventory   il giro dell'inventario
turnover, sales   il giro delle vendite
turnover, stock   il giro delle azioni, il ricambio delle azioni
two-name paper   il credito intestato a due
two-tiered market   il mercato a due livelli

U

ultra vires acts   gli atti arbitrari
unaccompanied goods   i beni non accompagnati
uncollectible accounts   i conti inesigibili
undercapitalized   sotto-capitalizzato
undercut (v)   vendere sotto il prezzo del concorrente
underdeveloped nations   i paesi in via di sviluppo
underestimate (v)   sottovalutare
underpaid   sottopagato
undersigned   il sottoscritto
understanding (agreement)   l'accordo
undertake (v)   intraprendere
undervalue (v)   sottovalutare
underwriter   l'assicuratore, il sottoscrittore
undeveloped   non sviluppato
unearned increment   il plusvalore
unearned revenue   il reddito non da lavoro
unemployment   la disoccupazione
unemployment compensation   la cassa integrazione
unfair   non equo
unfavorable   sfavorevole
unfeasible   inattuabile
union contract   il contratto sindacale
union label   l'etichetta sindacale
union, labor   il sindacato
unit cost   il costo unitario
unit load discount   lo sconto applicato sulle unità di carico
unit price   il prezzo unitario
unlisted   non elencato
unload (v)   scaricare

unsecured liability l' impegno senza garanzie, la passività senza garanzia

unsecured loan il prestito senza garanzia

unskilled labor il lavoro manuale, il lavoro non specializzato

up to our expectations alle nostre aspettative

upmarket il mercato privilegiato

upturn la svolta positiva

urban renewal la ristrutturazione urbana

urban sprawl la crescita incontrollata della zona urbana

use tax l'imposta sul consumo

useful life la durata utile

user-friendly user friendly

usury l'usuria

utility l'utilità

V

valid valido

validate (v) validare

valuation la valutazione

value il valore

value-added tax l'imposta sul valore aggiunto (IVA)

value, asset il valore delle attività

value, book il valore contabile

value engineering la progettazione utilizzando costi più bassi tra costi alternativi per espletare una certa attività

value, face il valore dichiarato, il valore riportato

value for duty il valore daziabile

value, market il valore di mercato

variable annuity il reddito annuale variabile

variable costs i costi variabili

variable import levy l'imposta variabile di importazione

variable margin il margine variabile

variable rate il tasso variabile

variable rate mortgage l'ipoteca con tasso d'interesse variabile

variance la variazione

velocity of money la velocità della circolazione monetaria

vendor il venditore

vendor's lien il privilegio del venditore

venture capital il capitale d'investimento in nuove iniziative

vertical integration l'integrazione verticale

vested interests gli interessi acquisiti

vested rights i diritti acquisiti

veto il veto

vice-president il vice-presidente

visible balance of trade il bilancio commerciale visibile

voice-activated attivato a voce

voiced check l'ispezione a voce

void invalido, nullo

volatile market il mercato instabile, il mercato volatile

volume il volume, la mole

volume discount lo sconto di volume

volume, sales il volume delle vendite

voting right il diritto al voto

voucher la ricevuta

W

wage lo stipendio, la paga

wage differential la differenza salariale, il differenziale di stipendio

wage dispute la disputa salariale

wage drift lo slittamento salariale

wage earner il salariato

wage freeze il blocco degli stipendi

wage level il livello salariale

wage-price spiral la spirale dei salari e dei prezzi

wage scale la scala salariale

wage structure la struttura salariale

wages la paga, lo stipendio, il salario

waiver clause la clausola di rinuncia

walkout lo sciopero

want ad la piccola pubblicità
warehouse il magazzino
warehouseman il magazziniere
warrant (v) garantire
warranty la garanzia
wasted asset l'attivo sprecato, l'attività deperibile
waybill la lettera di vettura
wealth la ricchezza
wear and tear l'usura
weekly return la rendita settimanale
weight il peso
weighted average la media ponderata
wharfage charges gli oneri per l'uso del molo
when issued quando emesso, a seguito dell'emmissione
white-collar worker l'impiegato
wholesale market il mercato all'ingrosso
wholesale price il prezzo all'ingrosso
wholesale trade il commercio all'ingrosso
wholesaler il grossista
wildcat strike lo sciopero selvaggio
will il testamento
windfall profits i profitti inattesi
window dressing (increase appeal) (v) dare un miglior aspetto al prodotto
wire transfer il trasferimento via cavo
with average con una media
withholding tax l'imposta ritenuta alla fonte
witness il testimone
word processor il word processor
work (v) lavorare
work committee il comitato di lavoro
work council il consiglio di lavoro
work cycle il ciclo lavorativo
work day il giorno lavorativo
work in progress il lavoro in corso
work load la mole di lavoro, la quantità di lavoro
work on contract il lavoro per contratto

work order   la commessa
work station   il posto di lavoro, il "work station"
workforce   la forza di lavoro
working assets   le attività non di capitale, le attività liquide
working balance   il bilancio d'esercizio
working capital   il capitale circolante, il capitale liquido
working class   la classe lavorativa
working contract   il contratto di lavoro
working funds   il capitale liquido, i fondi attivi
working hours   le ore di lavoro
working papers   il permesso di lavoro
working tools   gli attrezzi per il lavoro
workplace   il posto di lavoro
workshop   il laboratorio
World Bank   la banca mondiale
worth, net   il capitale azionario, il valore netto
worthless   senza valore
writ   il mandato
write down (v)   svalutare
write off (v)   cancellare un'obbligazione dovuta
written agreement   la convenzione scritta
written bid (stock exchange)   l'offerta scritta

Y

yardstick   il metro
year   l'anno
year-end   il fine anno
year, fiscal   l'anno fiscale
yield   il reddito, il rendimento
yield to maturity   il reddito alla maturità, il rendimento

Z

zero coupon   l'obbligazione senza cedole per ricevere interessi
zip code   il codice d'avviamento postale, C.A.P.
zone   la zona
zoning law   la normativa per la costruzione in varie città

ITALIAN TO ENGLISH

A

a buon mercato   cheap
a distanza   arm's length
a domanda   at call
a e da   at and from
a galla   afloat
a livello industriale   industrywide
a o meglio   at or better
a richiesta   at call
a risconto di   in reply to
a rischio del portatore   carrier's risk
a seguito dell'emmissione   when issued
a vista   at sight
abbandonare   abandon (v)
abbandono (m)   abandonment
abbigliamento (m)   apparel
abbuono (m)   allowance, rebate
abbuono per ricevere merce esaurita in un'altra data   rain check
abilità (f)   know-how
accanto   alongside
accelerare   speed up (v)
accentramento (m)   centralization
accesso (m) al mercato   market access
accettante (f)   acceptor
accettare   accept (v)
accettazione (f)   acceptance
accettazione bancaria   bank acceptance
accettazione cambiaria   acceptance bill
accettazione commerciale   trade acceptance
accettazione condizionale   conditional acceptance
accettazione da parte del consumatore   consumer acceptance
accettazione della marca   brand acceptance
accettazione generale   general acceptance
acconto (m)   down payment

accordo (m) agreement, understanding

accordo d'accettazione acceptance agreement

accordo d'arbitrato arbitration agreement

accordo e la soddisfazione accord and satisfaction

accordo sulla parola gentleman's agreement

accorgimenti (m) che tendono a risparmiare sulla manodopera labor-saving

accreditare credit (v)

accrescimento (m) accretion

accumulare store (v)

accusiamo ricezione di acknowledge receipt of (v)

acque (f) territoriali territorial waters

acquirente (m/f) buyer

acquirente potenziale potential buyer

acquirente su credito credit buyer

acquisizione (f) di dati data acquisition

acquistare acquire (v), purchase (v)

acquistare in quantità eccesiva overbuy (v)

acquisti (m) impulsivi impulse buying

acquisto (m) acquisition, procurement

acquisto a termine forward purchase

acquisto valori mobiliari stock purchase

acronimo (m) acronym

addebito (m) debit

addendo (m) addendum

addizionali (m) fringe benefits

addizione (f) footing (accounting)

affare (m) bargain, deal

affittare lease (v)

affitto (m) rent

affitto degli attrezzi equipment leasing

affitto morto dead rent

affusolare streamline (v)

agenda (f) agenda

agente (m/f) agent

agente che effettua i trasferimenti dei titoli transfer agent

agente d'acquisto purchasing agent

agente del produttore manufacturer's agent
agente di assicurazione insurance broker
agente esclusivo sole agent
agente fiscale fiscal agent
agente patrimoniale estate agent
agente ricercatore di dirigenti headhunter
agente spedizioniere shipping agent
agenzia (f) agency
agenzia d'assicurazione insurance company
agenzia mercantile mercantile agency
agenzia per la ricerca del personale employment agency
agenzia pubblicitaria advertising agency
aggiudicare adjudge (v)
aggiudicazione (f) adjudication
aggiunta (f) addendum, (pl) peripherals
aggiustare adjust (v)
agricoltura (f) agriculture
al dettaglio retail
al meglio at best
al mercato at the market
al portatore to the bearer
algoritmo (m) algorithm
alimentari (m) foodstuffs
all'apertura at the opening
all'opzione del compratore buyer's option
alla chiusura at the close
alla pari at par
alla rinfusa job lot
alle nostre aspettative up to our expectations
allegare attach (v)
allocazione (f) dei costi allocation of costs
allocazione del terreno acreage allotment
allocazione delle risorse resources allocation
allocazione di responsabilità allocation of responsibilities
alta tecnologia (f) high technology

alterazione (f) alteration

altre attività (f) (e passività) other assets (and liabilities)

ammanco (m) deficit

ammassare hoard (v)

ammettere acknowledge (v)

amministrare manage (v)

amministrativo administrative

amministratore (m) administrator, manager

amministratore degli acquisti purchasing manager

amministratore della fabbrica plant manager

amministratore fiduciario trustee

amministratore finanziario money manager

amministratore generale general manager

amministratrice (f) administratrix

amministrazione (f) administration, management

amministrazione a matrice matrix management

amministrazione commerciale business management

amministrazione dei sistemi di elaborazione systems management

amministrazione del credito credit management

amministrazione del mercato market management

amministrazione del personale personnel administration

amministrazione dell'ufficio office management

amministrazione della cartella degli investimenti portfolio management

amministrazione della cassa cash management

amministrazione della tensione stress management

amministrazione delle vendite sales management

amministrazione dirigenziale line management

amministrazione finanziaria financial management

amministrazione intermediaria middle management

ammontare (m) di passività nella struttura finanziara dell'impresa leverage (financial)

ammortamento (m) amortization, depreciation

ammortamento accelerato accelerated depreciation

ammortamento maturato   accrued depreciation
analisi (f)   analysis, assay
analisi d'investimento   investment analysis
analisi dei costi   cost analysis
analisi dei fattori   factor analysis
analisi dei fattori produttivi   input-output analysis
analisi dei profitti   profitability analysis
analisi dei sistemi   systems analysis
analisi del concorrente   competitor analysis
analisi del lavoro   job analysis
analisi del percorso critico   critical path analysis
analisi del problema   problem analysis
analisi del prodotto   product analysis
analisi del progetto   job analysis
analisi del rapporto tra costo e profitto   profitability analysis
analisi del rapporto tra i costi ed i benefici   cost-benefit analysis
analisi del rischio   risk analysis
analisi dell'occupazione   job analysis
analisi delle esigenze   needs analysis
analisi delle vendite   sales analysis
analisi di equilibrio tra i costi e i ricavi   break-even analysis
analisi di regressione   regression analysis
analisi entrata/uscita   input-output analysis
analisi finanziaria   financial analysis
analisi funzionale   functional analysis
analista (m/f)   analyst
angolo (m) d'incidenza   angle of incidence
anno (m)   year
anno di base   base year
anno finanziario   financial year
anno fiscale   fiscal year
annotazione (f) di movimento di contanti   cash entry
annuale   annual
annullare   nullify (v)
annuncio (m)   commercial (advertisement)
anticipare   advance (v)

anticipi (m) e ritardi leads and lags

anzianità (f) seniority

appalto (m) sigillato sealed bid

appena possibile as soon as possible

appendice (f) addendum

appoggio (m) ed esecuzione backing and filling

apprendista (m/f) apprentice

apprezzamento (m) appreciation

appropriazione (m) indebita embezzlement

approvare approve (v)

approvazione (f) approval

appuntamento (m) appointment

appunto (m) memorandum

arbitraggio (m) arbitrage

arbitraggio d'interesse interest arbitrage

arbitrato (m) arbitration

arbitrato industriale industrial arbitration

arbitro (m) arbitrator

aree (f) delle obbligazioni bond areas

armamenti (m) armaments

arresto (m) deadlock

arretrati (m) arrears

arretrato retroactive

arrivare al punto di parità break even (v)

articoli (m) fuori misura outsized articles

articoli strategici strategic articles

articolo (m) posto in vendita pubblicitaria al di sotto del prezzo necessario per guadagnare un profitto loss leader

aspettativa (f) leave of absence

assegnare assign (v)

assegnatario/a (m/f) assignee

assegno (m) check

assegno bancario bank check, cashier's check, counter check

assegno garantito certified check

assegno nominativo registered check

assegno per il viaggiatore traveler's check

assegno vecchio stale check

assegno versato cancelled check

assemblea (f) assembly

assenteismo (m) absenteeism

assicurare lock in (v) (rate of interest)

assicurato/a (m/f) policyholder

assicuratore/trice (m/f) underwriter

assicuratore marino marine underwriter

assicurazione (f) insurance

assicurazione a scadenza term insurance

assicurazione contro danni casualty insurance

assicurazione d'adempimento performance bond

assicurazione dei crediti credit insurance

assicurazione del diritto di possesso title insurance

assicurazione industriale industrial insurance

assicurazione marittima marine cargo insurance

assicurazione per il personale indispensabile key man insurance

assicurazione sulla responsabilità civile liability insurance

assistente (m/f) assistant

assistente di servizio staff assistant

assistenza (f) al personale employee counseling

assistenza vincolata tied aid

associazione (f) commerciale trade association

associazione mercantile merchant guild

associazione settoriale trade association

assorbimento (m) del personale non specializzato dilution of labor

assorbire absorb (v)

assorbire la perdita absorb the loss (v)

assumere hire (v)

asta (f) pubblica public auction

attestato (m) attestation

atti (m) arbitrari ultra vires acts

attivato a voce voice-activated

attivi (m) bloccati frozen assets

attivi correnti current assets

attivi differiti deferred assets

attivi fissi fixed assets

attivi immobili   capital asset
attivi intangibili   intangible assets
attivi maturati   accrued assets
attivi mobili   liquid assets
attivi nascosti   hidden assets
attivi netti   net assets
attivi netti sulle azioni ordinarie   net equity assets
attivi reali   real assets
attività (f)   asset
attività commerciale   business activity, line of business
attività deperibile   wasted asset
attività finanziaria a brevissimo termine   near money
attività liquide   working assets
attività non a breve termine   noncurrent assets
attività non di capitale   working assets
attività prontamente realizzabili   quick assets
attivo (m)   asset
attivo circolante   liquid assets
attivo sprecato   wasted asset
attivo variabile   floating asset
atto (m)   deed
atto di costituzione   certificate of incorporation
atto di passagio   deed of transfer
atto di trasferimento   deed of transfer
atto di vendita   bill of sale, deed of sale
atto fiduciario   deed of trust
attrezzato con infissi per ancorare la merce   batten fitted
attrezzatura (f)   equipment
attrezzi (m)   equipment, tools
attrezzi per il lavoro   working tools
attrito (m)   attrition
attuale   actual
attuario (m)   actuary
aumentare   increase (v)
aumento (m)   increase
aumento dei capitali   capital increase

autarchia (f)   autarky

autenticità (f)   authenticity (gold)

auto-critica (f)   self-appraisal

autogestione (f)   self-management

automatico   automatic

automazione (f)   automation

autonomo   autonomous

autorizzare   authorize (v)

autorizzazione (f) a collateralizzare azioni   stock power

avanzare   advance (v)

avere l'autorità   authority, to have (v)

avvertimento (m)   commercial (advertisement)

avvisare   advise (v)

avviso (m)   commercial (advertisement)

avviso al pubblico di sottoscrizione di azione o obbligazione su giornali finanziari   tombstone

avvocato (m)   attorney, lawyer

azienda (f)   company, corporation, firm

azienda madre   parent company

azienda pubblica   public company

azienda quasi pubblica   quasi-public company

azienda straniera   alien corporation

azione (f)   action, stock

azione che deriva dalla richiesta di esercitare due opzioni di acquisto ed una di vendita   strapping

azione contro la discriminazione   affirmative action

azione d'incremento   growth stock

azione di parte civile   civil action

azione di penalità per azioni di frode   penalty-fraud action

azione ordinaria   common stock

azione preferenziale   preferred stock

azioni (f)   securities, shares

azioni autorizzate   authorized shares

azioni con un valore inferiore ad un dollaro   penny stock

azioni emesse   issued shares

azioni in circolazione   outstanding stock

KEY TO PRONUNCIATION

VOWELS

ITALIAN LETTER(S)	SOUND IN ENGLISH	EXAMPLE
a	ah (yacht)	casa (kAH-sah), house
è	eh (net)	lèggere (lEH-jeh-reh), to read
e	ay (hay)	mela (mAY-lah), apple
i	ee (feet)	libri (lEE-bree), books
o	oh (rope)	boccone (boh-kOH-neh), mouthful
u	oo (cool)	tutto (tOOt-toh), everything

CONSONANTS

ci	chee (cheese)	cinema (chEE-nay-mah), movies
ce	chay (chair)	piacere (pee-ah-chAY-reh), pleasure
ca	kah (cot)	casa (kAH-sah), house
co	koh (cold)	cotto (kOHt-toh), cooked
che	kay (kent)	perchè (pehr-kAY), because
chi	key (key)	pochi (pOH-key), few
gi	jee (jeep)	giro (jEE-roh), turn
ge	jay (general)	generale (jay-nay-rAH-leh), general
gh	gh (spaghetti)	spaghetti (spah-ghAY-tee)
gli	ll (million)	egli (AY-ly-ee), he bottiglia (boht-tEE-ly-ee-ah), bottle
gn	ny (canyon)	magnifico (mah-ny-EE-fee-koh), magnificent
qu	koo (quiet)	àquila (AH-koo-ee-lah), eagle
sce sci	sh (fish)	pesce (pAY-sheh), fish sciòpero (shee-OH-peh-roh), strike
z or zz	ts (eats)	pizza (pEE-tsah), pizza zero (tsEH-roh), zero

The remaining Italian sounds and letters correspond, more or less, to English ones. For example:

Bologna (boh-lOH-nyah)
Firenze (fee-rEHn-tseh)
Napoli (nAH-poh-lee)
Pisa (pEE-sah)
Roma (rOH-mah)
Torino (toh-rEE-noh)

Barron's Bilingual Business Guides
Talking Business in Italian
© Copyright 1987 by Barron's Educational Series, Inc.

PHRASES FOR THE SUCCESSFUL BUSINESS DAY

The First Meeting

English	Italian	Pronunciation
Hello. Good Morning.	Buon giorno.	(boo-OHn jee-OHr-noh)
How are you?	Come sta?	(KOH-meh stah)
Very well, thank you.	Bene, grazie.	(beh-neh grAH-tse-eh)
And you?	E lei?	(ay-lEH-ee)
My name is...	Mi chiamo...	(mEE key-AH-mo)
Do you speak English?	Parla ingelese?	(pAHr-lah een-glAY-seh)
I speak a little Italian.	Parlo poco l'italiano.	(pAHr-loh pOH-koh lee-tah-lee-AH-noh)
What did you say?	Che cosa ha detto?	(keh kOH-sah ah dEH-toh)
Please speak more slowly.	Parli più piano, per favore.	(pAHr-lee peeOO pee-AH-noh per fah-vOH-reh)
Please repeat that.	Ripeta ~~quello~~, per favore.	(ree-pEH-tah koo-AYl-loh per fah-vOH-reh)
What does this mean?	Che significa ~~questo~~?	(keh see-ny-EE-fee-kah koo-AYs-toh)
I don't understand	Non capisco.	(nohn kah-pEEs-koh)
Where are the rest rooms?	Dove soni i gabinetti?	(dOH-veh sOH-noh ee gah-bee-nAY-tee)
Goodbye.	Arrivederci.	(ahr-ree-veh-dAYr-chee)

At the Restaurant

English	Italian	Pronunciation
This is a good restaurant.	Questo è un buon ristorante.	(koo-AYs-toh eh oon boo-OHn ree-stoh-rAHn-teh)
The menu, please.	Il menù, per piacere.	(eel may-noo pehr pee-ah-chAY-reh)
Waiter, I would like...	Cameriere, vorrie...	(kah-meh-ree-EH-reh vohr-rEE-ee)
Please bring me a glass of red wine.	Mi porti un bicchiere di vino rosso, per favore.	(mee pOHr-tee oon bee-key-EH-reh dee vEE-noh rOH-soh pehr fah-vOH-reh)
Bring us some white wine.	Ci porti del vino bianco.	(chee pOHr-tee dayl vEE-noh bee-AHn-koh)
The check, please.	Il conto, per favore.	(eel kOHn-toh pehr fah-vOH-reh)
Thank you very much.	Mille grazie.	(mEEl-leh grAH-tsee-eh)
What time is it?	Che ora è?	(kay OH-rah EH)

At the Hotel

DEVO -

English	Italian	Pronunciation
I need...	Ho bisogno di...	(oh bee-sOH-ny-oh dee)
Where can I buy an English-language newspaper?	Dove posso comprare un giornale in lingua inglese?	(dOH-veh pOHs-soh kohm-prAH-reh oon jee-ohr-nAH-leh een lEEn-goo-ah een-glAY-seh)
Good evening.	Buona sera	(boo-OH-nah sAY-rah)

Looking for Help

English	Italian	Pronunciation
I am lost.	Non so dove mi trovo.	(nohn sOH dOH-vee me trOH-voh)
Where is the bus stop?	Dov'è la fermata dell' auto bus?	(doh-vEH lah fehr-mAH-tah dayl AH-oo-toh-boos)
Where is the post office?	Dov'è l'ufficio postale?	(doh-vEH loof-fEE-chee-oh poh-stAH-leh)
Where is a mail box?	Dov'è una cassetta postale?	(doh-vEH OO-nah kas-sAYt-tah pos-stah-leh)
I would like to make a telephone call.	Vorrei fare una telefonata.	(vohr-rEH-ee fAH-reh OO-nah teh-leh-foh-nAH-tah)

azioni liberate paid up shares

azioni preferenziali cumulative cumulative preferred stock

azioni preferenziali di partecipazione sugli utili participating preferred stock

azioni pregiate blue chip stock

azioni privilegiate convertibili convertible preferred stock

azioni privilegiate non cumulative noncumulative preferred stock

azioni registrate presso la borsa listed securities

azioni riacquistate treasury stock

azioni senza diritto di voto nonvoting stock

azionista (m/f) shareholder, stockholder

B

bagarino (m) scalper

banca (f) bank

banca agente agent bank

banca al dettaglio retail bank

banca centrale central bank

banca commerciale commercial bank

banca corrispondente correspondent bank

banca d'agenzia agency bank

banca d'investimento investment bank

banca dati data bank

banca di credito credit bank

banca governativa government bank

banca import-export export-import bank

banca ipotecaria mortgage bank

banca mondiale World Bank

banca nazionale national bank

banca per il consumatore retail bank

banconota (f) bank note, treasury note

bando (m) d'appalto advertisement for bid (request), invitation to bid

barattare barter (v)

baratteria (f) graft

baratto (m) applied proceeds swap

barriera (f) commerciale   trade barrier
barriere doganali   tariff barriers
barriere tariffarie   tariff barriers
base (f) dei dati per elaboratori elettronici   data base
base delle tasse imponibili   tax base
base monetaria   monetary base
basso (m) reddito   low income
baud (m)   baud
bene (m)   commodity
bene culturale   cultural property
bene mobile   chattel
benefici (m)   perks
beneficiario (m)   beneficiary
benestare (m) bancario   bank release
benevolenza (f)   goodwill
beni (m)   goods
beni accompagnati   accompanied goods
beni al dettaglio   retail merchandise
beni capitali   capital goods
beni d'investimento   capital goods
beni di consumo   consumer goods
beni di qualità   quality goods
beni durevoli   durable goods
beni eccedenti   surplus goods
beni fungibili   fungible goods
beni industriali   industrial goods
beni intermediari   intermediary goods
beni nello stato attuale   as is goods
beni non accompagnati   unaccompanied goods
beni non durevoli   nondurable goods, soft goods
beni proibiti   prohibited goods
beni reali   tangible assets
beni senza ricorso   as is goods
beni solidi   dry goods
beni specializzati   specialty goods
beni voluttuari   luxury goods
biglietto (m) da visita   business card
bilancia (f) commerciale   balance of trade

bilancia dei pagamenti   balance of payments

bilanciare   hedge (v)

bilancio (m)   financial statement

bilancio bancario   bank balance

bilancio commerciale visibile   visible balance of trade

bilancio consolidato   consolidated financial statement

bilancio d'apertura   opening balance

bilancio d'esercizio   balance sheet, working balance

bilancio di revisione   audit trail

bilancio negativo   adverse balance

bilancio provvisorio   trial balance

bit (m)   bit

bloccare   lock in (v) (rate of interest)

blocco (m) degli stipendi   wage freeze

blocco dei fondi   blockage of funds

boicottare   boycott (v)

bonuscita (f)   severance pay

borsa   stock exchange, stock market

borsa (mercato) di beni di prima necessità   commodity exchange

borsa documenti   attaché case, briefcase

borsa in fase di andamento positivo   bull market

borsa in fase negativa   bear market

bozza (f)   rough draft

brevetto (m)   patent

brevetto richiesto   patent pending

bug (m)   bug (defect in computer program)

buona consegna (f)   good delivery (securities)

buoni (m) a basso rendimento   low-yield bonds

buoni del tesoro a breve termine   treasury bills

buoni e obbligazioni del tesoro (Britannici)   gilt (Brit. govt. security)

buoni governativi (del tesoro)   government bonds

buoni redditizi   income bonds

buono (m) a termine   term bond

buono di risparmio   savings bond

buono fisso   flat bond

buono garantito   guaranty bond
burocrate (m)   bureaucrat
byte (m)   byte

C

calcolatrice (f)   calculator
calcolo (m) errato   miscalculation
cambio (m) valute   money broker
cambiale (f)   bill of exchange, promissory note
cambiale a termine   time bill (of exchange)
cambiale agraria   agricultural paper
cambiale di comodo   accommodation bill, accommodation paper
cambiale emessa all'estero   foreign bill of exchange
cambiali (f) esigibili   notes receivable
cambio (m) bancario   bank exchange
cambio estero   foreign exchange
cambio netto, il cambiamento netto   net change
cambio valuta   currency exchange
camera (f) di commercio   chamber of commerce
campagna (f) di produttività   productivity campaign
campagna pubblicitaria   advertising campaign
campionare   sample (v)
campionatura (f) mista   mixed sampling
campionatura per accettazione   acceptance sampling
campione (m) casuale   random sample
campioni uniformi   matched samples
canale (m) di distribuzione   channel of distribution
cancellare   cancel (v)
cancellare un'obbligazione dovuta   write off (v)
capacità (f)   capacity
capacità di produzione, capacità produttiva   manufacturing capacity
capacità in balle   bale capacity
capacità produttiva della fabbrica   plant capacity
capacità produttiva inattiva   idle capacity
caparra (f)   binder, down payment
capitale (m)   capital

capitale azionario capital stock, equity, net worth

capitale circolante al netto net working capital

capitale d'investimento in nuove iniziative venture capital

capitale degli azionisti stockholders' equity

capitale eccedente surplus capital

capitale industriale instrumental capital

capitale investito invested capital

capitale liquido working capital, working funds

capitale ordinario ordinary capital

capitale per finanziare nuove iniziative risk capital

capitale sociale legale legal capital

capitale versato paid up capital

capitali fissi fixed capital

capitalismo (m) capitalism

capitalizzati below the line

capitalizzato in eccesso overcapitalized

capitalizzazione (f) capitalization

capitalizzazione dei costi fissi nel costo dell'inventario absorption costing

capo (m) leader

capo contabile chief accountant

capo servizio foreman

capo sindacale labor leader

carbone (m) coal

carenza (f) shortage

caricare i fondi all'inizio del contratto front-end loading

carico (m) freight, load (sales charge)

carico di testa headload

carico di un camion truckload

carico di un camion inferiore alla capacità less-than-truckload

carico di una vettura inferiore alla capacità less-than-carload

carico di vettura carload

carico effettivo payload

carico frazionato broken stowage

carico massimo peak load

carico permesso   freight allowed
carico secco   dry cargo
carnet (m)   carnet
carnet bancario   bank carnet
carovita (m)   cost of living
carro (m) merci senza sponde   flatcar
carta (f)   paper
carta di credito   credit card
cartella (f)   file, portfolio
cartella d'azioni   portfolio, stock
cartellone (m)   billboard
casa (f) di accettazione   acceptance house
cassa cooperativa di risparmio   mutual savings bank
cassa d'imballo   packing case
cassa di risparmio   savings bank
cassa integrazione   unemployment compensation
cassa notturna   night depository
cassetta (f)   cassette
cassetta di sicurezza   safe deposit box
cassiere (m)   teller
catalogo (m)   catalog
catena (f) di montaggio   assembly line
catena di negozi   chain (of stores)
causa (f)   lawsuit
cavo (m)   cable
cedente (m)   assignor
cedola (f) di interesse su obbligazioni   coupon (bond interest)
cedola di interesse su buoni   coupon (bond interest)
centesimi (m) di percentuale per ipoteche   point (percentage, mortgage term)
centro (m) acquisti fuori dall'area urbana   shopping center
centro per elaborati elettronici   computer center
certificato (m)   certificate
certificato antiquariale d'autenticità   antique authenticity certificate
certificato attestante l'uso definitivo del prodotto   end-use certificate

certificato azionario   stock certificate

certificato d'ispezione   bill of sight

certificato d'origine   certificate of origin

certificato di deposito   certificate of deposit

certificato ipotecario   mortgage certificate

certificato per lo sbarco   landing certificate

cervello (m) elettronico   computer

cessione (f) di garanzie per merci depositate in un magazzino   field warehousing

chiacchierare   jawbone (v)

chiamare   call (v)

chiavi (f) in mano   turnkey

chimico   chemical

chip (m)   chip

cianografia (f)   blueprint

ciclo (m) commerciale   business cycle

ciclo lavorativo   work cycle

circa   around (exchange term)

citazione (f)   quotation

citazione diretta   direct quotation

classe (f) lavorativa   working class

classi mutualmente esclusive   mutually exclusive classes

classificazione (f) doganale   tariff classification

clausola (f) d'accelerazione   acceleration clause

clausola d'oro   gold clause

clausola d'uscita   escape clause

clausola di negligenza   Jason clause

clausola di penalità   penalty clause

clausola di rinuncia   waiver clause

cliente (m)   customer

co-assicurazione (f)   coinsurance

coda (di cambiale) (f)   allonge (of a draft)

codice (m) d'avviamento postale, C.A.P.   zip code

codice del lavoro   labor code

collaterale (m)   collateral

collega (m)   colleague

collocamento (m)   placement (personnel)

collocazione (f) privata private placement (finance)

colloquio (m) colloquium

colui che cambia spesso il posto di lavoro job hopper

colui che crea un mercato market-maker (securities)

comando (m), "joystick" (m) joystick

combinazione (f) combination

come per nota informativa as per advice

come se e quando as, if and when

comitato (m) di lavoro work committee

comitato esecutivo executive committee

comma (m) codicil

comma della scala mobile escalator clause

comma valutaria currency clause

commerciante (m) dealer, trader

commerciare trade (v)

commercio (m) commerce, trade

commercio al dettaglio retail trade

commercio all'ingrosso wholesale trade

commercio compensativo compensation trade

commercio equo fair trade

commercio estero foreign trade

commercio fuori orario after-hours trading

commercio interstatale interstate commerce

commercio libero free trade

commercio multilaterale multilateral trade

commessa (f) work order

commissione (f) agency fee, load (sales charge)

commissione anticipata front-end fee

commissione di raccomandazione address commission

compagnia (f) d'investimento investment company

compendio (m) del documento probatorio della titolarità di diritti abstract of title

compenso (m) compensation, consideration (bus. law)

compenso dirigenziale executive compensation

compra (f) acquisition

competizione (f)   competition

completamente pagato   paid in full

componente (m)   component

comprare   purchase (v)

comprare al miglior prezzo   buy at best (v)

comprare alla chiusura   buy on close (v)

comprare all'apertura   buy on opening (v)

compratore (m)   buyer

compratore capo   chief buyer

compratore e venditore di titoli mobiliari   market-maker (securities)

compratore in loco   resident buyer

compratore potenziale   potential buyer

compravendita (f) di azioni sopra o sotto il prezzo attuale   put and call

compreso interessi accumulati   plus accrued interest

compreso trasporto   freight included

comproprietà (f)   co-ownership

comproprietario (m)   joint owner

computer (m)   computer

comunicazioni (f) di massa   mass communications

con dividendo   cum dividend

con una media   with average

concedere uno scoperto a fido   grant an overdraft (v)

concentrazione (f) di mercato   market concentration

concessione (f) di appalto   franchise

concetto (m) di marketing   marketing concept

concetto di solvibilità   ability-to-pay concept

concorrente (m)   competitor

concorrenza (f)   competition

condizioni (f) di commercio   terms of trade

condizioni di vendita   terms of sale

conferenza-confronto (f) idee   brainstorming

conferma (f) dell'ordine   confirmation of order

confidenziale   confidential

confine (m)   border

conflitto (m) d'interesse   conflict of interest

congedo (m) retirement

congedo di maternità maternity leave

congedo per malattia sick leave

conglomerato (m) conglomerate

consegna (f) consignment, delivery, shipment

consegna immediata spot delivery

consegna in contanti cash delivery

consegna incompleta short delivery

consegne differite deferred delivery

considerazione (f) consideration (bus. law)

consiglio (m) di amministrazione board of directors

consiglio di lavoro work council

consiglio di sovrintendenza board of supervisors

consiglio dirigenziale executive board

consolidamento (m) consolidation

consorzio (m) consortium

consorzio di industriali cartel

consulente (m) consultant

consulente amministrativo management consultant

consulente sugli investimenti investment adviser

consumatore (m) consumer

contabile (m) accountant

contabilità (f) accounting department, bookkeeping

contabilità a partita doppia double-entry bookkeeping

contabilità amministrativa management accounting

contabilità dei costi, contabilità industriale cost accounting

contabilità di riduzione depletion accounting

contanti (m) cash

contenitore (m) container

conti (m) annuali annual accounts

conti creditori accounts receivable

conti debitori accounts payable

conti di gruppo group accounts

conti garantiti secured accounts

conti inesigibili uncollectible accounts

contingenze (f) contingencies

conto (m)   account

conto aperto   charge account, open account

conto bancario   bank account

conto capitale   capital account

conto capitale a breve termine   short-term capital account

conto capitale a lungo termine   long-term capital account

conto chiuso   closed account

conto congiunto   joint account, joint cost

conto corrente   checking account, current account

conto depositato presso terzi   escrow account

conto dettagliato   itemized account

conto di deposito   deposit account

conto di risparmio   savings account

conto marginale   marginal account

conto moroso   delinquent account

conto operativo   active account

conto profitti e perdite   profit and loss statement

conto redditizio   income account

conto sul libro mastro   ledger account

contraffatto (m)   counterfeit

contraffazione (f)   forgery

contrassegnare   earmark (v)

contrattazione (f) collettiva   collective bargaining

contratto (m)   contract

contratto a futura consegna   futures

contratto a termine   forward contract, futures

contratto che garantisce un profitto in base al costo del prodotto   cost-plus contract

contratto d'affitto   lease

contratto di lavoro   working contract

contratto di locazione   lease

contratto di manutenzione   maintenance contract, service contract

contratto di vendita condizionata   conditional sales contract

contratto di vendita per l'esportazione   export sales contract

contratto insoluto   outstanding contract
contratto marittimo   maritime contract
contratto sindacale   union contract
contro qualsiasi rischio   against all risks
controllare   audit (v)
controllo (m) dei costi   cost control
controllo dei valori   stock control
controllo del credito   credit control
controllo dell'inventario   inventory control
controllo della produzione   manufacturing control, production control
controllo della riduzione   depletion control
controllo delle azioni   stock control
controllo di qualità   quality control
controllo finanziario   financial control
controllo numerico   numerical control
controllo operativo   operations audit
controllo valutario   exchange control
controllore (m)   comptroller, controller
controstallia (f)   (maritime) demurrage
controvalore (m)   exchange value
convenzione (f)   agreement
convenzione commerciale   trade agreement
convenzione d'accettazione   acceptance agreement
convenzione di cooperazione   cooperation agreement
convenzione implicita   implied agreement
convenzione multilaterale   multilateral agreement
convenzione scritta   written agreement
conversione (f) di valuta   currency conversion
cooperativa (f)   cooperative
coperto (m)   cover charge
copertura (f)   coverage (insurance)
copertura a termine   forward cover
copertura in abbonamento   open cover
copia (f) in omaggio   complimentary copy
copia scritta   hard copy
copione (m)   script

corpo (m) corpus
correzione (f) della tassa di confine border tax adjustment
corrispondenza (f) correspondence
costare cost (v)
costi (m) amministrati managed costs
costi bancari bank charges
costi controllabili controllable costs, managed costs
costi di distribuzione distribution costs
costi di licenza license fees
costi di produzione production costs
costi di riproduzione reproduction costs
costi di sbarco landing costs
costi di spedizione a carico del destinatario freight collect
costi di stivaggio stowage charges
costi di trasporto shipping charges
costi effettivi actual costs
costi fissi fixed costs, standing costs
costi fissi d'azienda factory overhead
costi incrementali incremental costs, increased costs
costi iniziali set-up costs, start-up cost
costi normali standard costs
costi reali actual costs
costi semi-variabili semi-variable costs
costi standard standard costs
costi tariffari tariff charges
costi variabili variable costs
costituire un sindacato syndicate (v)
costo (m) cost
costo alla destinazione landed cost
costo complessivo all in cost
costo congiunto joint cost
costo dei beni venduti cost of goods sold
costo del capitale cost of capital
costo dell'opportunità opportunity costs
costo della vita cost of living
costo di ricambio replacement cost

costo diretto   direct cost

costo e trasporto   cost and freight

costo fatturato   invoice cost

costo indiretto   indirect cost

costo marginale   marginal cost

costo medio   average cost

costo medio unitario   average unit cost

costo misto   mixed cost

costo originale   original cost

costo primo   prime cost

costo unitario   unit cost

cotone (m)   cotton

creare una parola composta di due nomi utilizzando un trattino   hyphenate (v)

crediti (m) garantiti   secured accounts

crediti monetari   monetary credits

credito (m)   credit

credito a rate   installment credit

credito al consumatore   consumer credit

credito all'esportazione   export credit

credito commerciale   trade credit

credito d'accettazione   acceptance credit

credito disponibile   credit balance

credito disposto dal beneficiario di un credito   back-to-back credit

credito documentario aperto sulla base di un altro credito originario   back-to-back credit

credito intestato a due   two-name paper

credito per investimento   investment credit

credito rotativo   revolving credit

credito sulle imposte estere   foreign tax credit

creditore (m)   creditor, payee

crescita (f)   growth

crescita aziendale   corporate growth

crescita incontrollata della zona urbana   urban sprawl

criteri (m) d'investimento   investment criteria

crivello (m)   jig (production)

crumiro (m)   strikebreaker (scab)

cumulativo   cumulative

cura (f) ragionevole   reasonable care
curriculum (m) vitae   resume
curva (f) a campana   bell-shaped curve
curva d'insegnamento   learning curve
curva di frequenza   frequency curve

D

danno (m)   damage
danno accidentale   accidental damage
dare in appalto   tender offer
dare l'incarico a terzi   farm out (v)
dare un miglior aspetto al prodotto   window dressing (increase appeal) (v)
data (f) di consegna   date of delivery
data di maturazione   maturity date
data di registrazione   record date
data di scadenza   expiry date
data originale di maturazione   original maturity
dati (m)   data
dazio (m)   duty (customs, import)
dazio ad valorem   duty ad valorem
dazio combinato   combination duty
dazio specifico   specific duty
debiti (m) insoluti   outstanding debt
debiti preferenziali   preferential debts
debito (m)   debt
debito a breve termine   short-term debt
debito a lunga termine   long-term debt
debito attivo   active debt
debito consolidato   debt
debito estero   foreign debt
debito fluttuante   floating debt
debito insolvibile   bad debt
debito nazionale   national debt
decisione (f) di fabbricare invece di comprare   make-or-buy decision
decollare   take off (v)
deduzione (f) convertibile   redemption allowance
deficiente   substandard

deficit (m) deficit

definizione (f) settlement

deflazione (f) deflation

demografico (m) demographic

demozione (f) demotion

denaro (m) money

denaro caldo hot money

denaro disponibile ready cash

denaro investito a brevissima scadenza call money

deporto (m) backwardation

depositi (m) d'importazione import deposits

deposito (m) deposit, depository, down payment, licensed warehouse

deposito a richiesta demand deposit

deposito a tempo time deposit

deposito bancario bank deposit

deposito in conto corrente demand deposit

deposito presso terzi escrow

depressione (f) depression

deprezzamento (m) depreciation

deprezzamento della valuta depreciation of currency

derivare accrue (v)

descrizione (f) del lavoro job description

destinatario (m) consignee

destinazione (f) indicata named point of destination

detentore (m) holder (negotiable instruments)

determinazione (f) del prezzo marginale marginal pricing

detraibile (m) deductible

detrazione (f) deduction

detrazione dalle imposte tax deduction

detrazione personale personal deduction

dettagliare itemize (v)

di fortuna makeshift

di ripiego makeshift

diagramma (m) graph

diagramma delle attività activity chart

diagramma delle correnti flow chart

diagramma utilizzando barre bar chart

diaria (f) per diem

dibattito (m) costruttivo d'opinioni brainstorming

dichiarazione (f) statement

dichiarazione d'entrata entry permit

dichiarazione d'esportazione export entry

dichiarazione degli utili e delle perdite profit and loss statement

dichiarazione del reddito income statement

dichiarazione di conto statement of account

dichiarazione doganale customs entry, import declaration

dichiarazione finanziaria financial statement

dichiarazione operativa operating statement

dichiarazione per procura proxy statement

dichiarazione pro forma pro forma statement

dichiarazione provvisoria interim statement

dichiarazione scritta e giurata affidavit

dichiarazione sotto giuramento sworn statement

difetto (m) nel programma dell'elaboratore elettronico bug (defect in computer program)

difettoso defective

diffamazione (f) libel

differenza (f) salariale wage differential

differenza tra il prezzo di vendita e i costi di produzione gross spread

differenziale (m) dei prezzi price differential

differenziale di stipendio wage differential

differenziale tariffario tariff differential

digitale digital

diluizione (f) del capitale azionario dilution of equity

diluizione del capitale netto dilution of equity

diluizione della manodopera dilution of labor

dinamica (f) del gruppo group dynamics

dinamica del mercato market dynamics

dinamica del prodotto product dynamics

direttore (m) director, manager

direttore d'area area manager

direttore della pubblicità, direttore pubblicitario advertising manager

direttore finanziario financial director

direttore generale chief executive

direzioni congiunte interlocking directorate

dirigente (m) executive

dirigente di linea line executive

dirigente responsabile per la gestione della marca brand manager

dirigente superiore executive director

dirigenti (m), dirigenza (f) top management

diritti (m) acquisiti acquired rights, vested rights

diritti d'autore copyright, royalty (payment)

diritti di brevetto patent royalty

diritti esclusivi sole rights

diritti portuali harbor dues

diritto al ricorso right of recourse

diritto al voto voting right

diritto di prelazione preemptive right

diritto di proprietario proprietary

disarmare lay up (v)

disavanzo (m) deficit

dischetto (m) disk

dischetto floppy floppy disk

disegno (m) pattern

disegno del prodotto product design

disincentivo (m) disincentive

disoccupazione (f) unemployment

dispersione (f) leakage

disponsibilità (f) dei capitali money supply

disputa (f) dispute

disputa di lavoro labor dispute

disputa salariale wage dispute

disputa sindacale labor dispute

disputare dispute (v)

distributore (m) distributor

ditta (f) corporation, firm

ditta a capitale sociale joint stock company

ditta associata   associate company, member firm
ditta che tratta esportazioni   export house
ditta che tratta scambi commerciali   trade house
ditta di garanzia   guaranty company
ditta estera   foreign corporation
ditta garante   surety company
ditta import/export   trading company
ditta madre   parent company
ditta nazionale   domestic corporation
ditta offshore   offshore company
ditta primaria, ditta "leader"   leading firm
ditta privata   closely held corporation
ditta straniera   alien corporation
diventare una ditta per azioni   go public (v)
diversificazione (f)   diversification
dividendo (m)   dividend
dividendo eliminato   passed dividend
dividendo pagato in contanti   cash dividend
dividendo supplementare   extra dividend
dividere una parola usando trattini   hyphenate (v)
divisione (f) del lavoro   division of labor
documento (m)   document
documento costitutivo   charter
documento in ordine   clean document
documento pulito   clean document
dogana (f)   customs
doganiere (m)   collector of customs
domanda (f) aggregata   aggregate demand
domanda od offerta rigida o inelastica   inelastic demand or supply
dominio (m) pubblico   public domain
donazione (f) di terra   land grant
doppia (f) tassazione   double taxation
doppia paga per gli straordinari   double time
dotazione (f)   endowment
dumping (m)   dumping (goods in foreign market)
duopolio (m)   duopoly
durata (f) del prodotto   product life

durata di un brevetto life of a patent
durata di un prodotto life cycle of a product
durata media average life
durata utile useful life

E

eccedenza (f) dei capitali capital surplus
eccedenza versata paid-in surplus
eccesso (m) overage
econometria (f) econometrics
economia (f) economics
economia controllata managed economy
economia di scala economy of scale
economia keynesiana Keynesian economics
economico economic
edificio (m) premises (location)
effettivo actual
effetto (m) di risucchio backwash effect
efficienza (f) efficiency
efficienza dei costi cost effectiveness
elaboratore (m) a sistema analog analog computer
elaboratore a sistema digitale, elaboratore digitale digital computer
elaboratore centrale mainframe computer
elaboratore del testo autonomo stand-alone word processor
elaboratore ibrido hybrid computer
elaborazione (f) per gruppi batch processing
elasticità (f) (dell'offerta e della domanda) elasticity (of supply or demand)
elasticità del prezzo price elasticity
elencare list (v)
elenco (m) di indirizzi per invio di materiali pubblicitari mailing list
elenco legale legal list (fiduciary investments)
eliminare phase out (v), take out (v)
embargo (m) embargo
emendamento (m) amendment
emendare amend (v)

emettere issue (v)

emettere un assegno scoperto e poi depositare la somma necessaria per renderlo valido kiting (banking)

emissione (f) issue (stock)

emissione di buoni bond issue

emissione fiduciaria fiduciary issue

emissione primaria senior issue

ente (m) governativo government agency

ente pubblico responsabile per gli alloggi housing authority

entità (f) legale legal entity

entrata (f) input

entrata d'importazione import entry

entrata dei dati nell'elaboratore elettronico computer input

entrata nel libro mastro ledger entry

entrata originale original entry

entrata sul registro ledger entry

equipe (f) amministrativa management team

equità (m) equity

eredità (f) legacy

ergonometrica (f) ergonomics

errore (m) error

errore di elaborazione processing error

esame (m) d'accettazione acceptance test

esame della personalità personality test

esame di un testo pubblicitario copy testing

esattore (m) delle tasse tax collector

esattore doganale collector of customs

esecutore/trice (m/f) executor

esente da dazio dutyfree

esenzione (f) exemption

esenzione personale personal exemption

esigenze (f) requirements

esigenze di margine margin requirements

espansione (f) boom

esportare export (v)

esportatore/trice (m/f) per conto terzi   third-party exporter

esportatore su commissione   export agent

esportazione (f) dei capitali   capital exports (currency)

esportazione di beni capitali   capital exports (goods)

esportazioni chiave   key exports

espresso (m) aereo   air express

esproprio (m)   expropriation

essere elusivo   hedge (v)

essere responsabile per   account for (v)

estinzione (f) obbligatoria   mandatory redemption

etichetta (f) sindacale   union label

euro-obbligazione (f)   Eurobond

eurodollaro (m)   Eurodollar

eurovaluta (f)   Eurocurrency

evasione (f) fiscale   tax evasion

evento (m) determinante lo scatto del processo di aggiustamento   adjustment trigger

evitare di compromettersi   hedge (v)

ex diritti   ex rights

ex molo   ex dock

F

fabbrica (f)   factory

fabbrica aperta anche ai non iscritti al sindacato   open shop

fabbricante (m)   manufacturer

facilitazione (f)   facilities

facilitazione d'appoggio creditizio   accommodation credit

facoltativo   optional

factotum (m)   man/gal Friday

fallimento (m)   bankruptcy, failure

fallire   fail (v)

far seguito   followup (v)

fare il giro   go around (v)

fare la coda   stand in line (v)

fase (f) negativa   down period, slump
fattore (m)   factor, maker (of a check, draft, etc.)
fattore degli utili   profit factor
fattore dei costi   cost factor
fattore dei profitti   profit factor
fattore del ricarico   load factor
fattura (f)   bill, invoice
fattura commerciale   commercial invoice
fattura consolare   consular invoice
fattura nazionale   domestic bill
fattura pro forma   pro forma invoice
fatturazione (f) a ciclo   cycle billing
fedeltà (f) alla marca   brand loyalty
ferramenta (f)   hardware
festività (f) legale   bank holiday, legal holiday
fetta (f)   tranche
fibre (f) artificiali, fibre sintetiche   man-made fibers
fidecommisso (m) vivente   living trust
fiduciario (m)   fiduciary
fiera (f) commerciale   fair trade
la filiale (f)   affiliate, branch office, subsidiary
finalizzare   finalize (v)
finanziamento (m) a breve termine   short-term financing
finanziamento anticipato   front-end financing
finanziare   finance (v)
fine anno (m)   year-end
fine (f) del periodo   end of period
firma (f)   signature
firma autorizzata   authorized signature
fissare   peg (v)
fissare due prezzi   double pricing
fissare il prezzo   fix the price (v)
flotta (f) privata   private fleet
flusso (m) di cassa negativo   negative cash flow
flusso netto di cassa   net cash flow
foglio (m) di dati   fact sheet

foglio di revisione del bilancio contabile auditing balance sheet

fondi attivi working funds

fondi interni internal funding

fondi pubblici public funds

fondo (m) fund

fondo ammortamento accumulated depreciation

fondo comune d'investimento investment trust

fondo d'ammortamento per il ritiro di obbligazioni sinking fund

fondo d'investimento active trust, mutual fund

fondo d'investimento fiduciario trust fund

fondo d'investimento fiduciario revocabile revocable trust

fondo d'investimento molto aggressivo go-go fund

fondo d'investimento rotativo revolving fund

fondo d'investimento senza commissioni no-load fund

fondo della stiva dunnage

fondo di ammortamento depreciation allowance

fondo di assicurazione insurance fund

fondo di contingenza contingent fund

fondo di investimento redimibile redemption fund

fondo di previdenza contingent fund

fondo discrezionario discretionary account

fondo monetario comune pool (of funds)

fondo pensionistico pension fund

fonte (f) attendibile reliable source

formato (m) format

fornitore (m) supplier

forniture (f) carenti short supply

forniture oltre il necessario oversupply

forza (f) di lavoro workforce, labor force

forza maggiore act of God

forze di mercato market forces

fotolitografia (f) offset printing

franco fabbrica ex factory

franco magazzino ex warehouse

franco miniera ex mine

franco mulino ex mill
franco nave ex ship
franco officina ex works
franco porto ex dock, free alongside ship
franco stazione ferroviaria free on rail
frazionamento (m) delle azioni stock split
fresatura (f) milling
frode (f) fraud
funzioni (f) di sostegno support activities
fusione (f) amalgamation, merger
fuso (m) orario jet lag, time zone

G

gamma (f) dei prezzi price range
gamma di prodotti product line
garanzia (f) guarantee, security, warranty
garanzia del posto di lavoro job security
gestione (f) commerciale business management
gestione del mercato market management
gestione del personale personnel management
gestione del prodotto product management
gestione dell'ufficio office management
gestione delle operazioni operations management
gestione delle vendite sales management
gestione per obiettivi management by objectives
giornale (m) journal
giornaliero (m) daily
giorno (m) di liquidazione account day
giorno di vendita per azioni trade date
giorno festivo pagato paid holiday
giorno lavorativo work day
girafario (m) endorsee
girante (m) endorser
girata (f) endorsement
girata d'accettazione qualificata qualified acceptance
  endorsement
girata di comodo accommodation endorsement

giro (m) d'attività   asset turnover
giro dell'inventario   inventory turnover
giro delle azioni   stock turnover
giro delle vendite   sales turnover
giurisdizione (f)   jurisdiction
giustizia (f)   equity

governo (m)   government
grafico (m)   graph
grafico a barra   bar chart
grafico a fette   pie chart
grande (m) magazzino   department store
grande scala   large-scale
grano (m)   grain
granoturco (m)   maize
gratifica (f)   gratuity
gravame (m)   encumbrances (liens, liabilities)
grossista (m)   jobber, wholesaler
gruppo (m) amministrativo   management group
gruppo di esperti   task force
gruppo di grandi magazzini   chain store group
gruppo di prodotti   product group
guadagni (m)   earnings
guadagni orari   hourly earnings
guadagni ritenuti   retained earnings
garantire   warrant (v)
guerra (m) sui prezzi   price war
guerra tariffaria   tariff war

H

hardware (m)   hardware (computer)

I

illegale   illegal
imballaggio (m)   packaging
imballaggio utilizzando pellicole di plastica ristretta
  shrink-wrapping
imbottitura (f)   stuffing

imitazione (f) imitation

immagazzinaggio (m) storage, serial storage

immagazzinaggio con accesso diretto direct access storage

immagazzinaggio dei dati per il computer computer storage

immagine (f) aziendale corporate image

immagine della marca brand image

immobili (m) real estate

immobilizi (m) tecnici fixed assets

impatto (m) dei profitti profit impact

impatto sugli utili profit impact

impegni (m) attuali current liabilities

impegno (m) commitment, covenant, pledge

impegno garantito secured liability

impegno senza garanzie unsecured liability

impianti (m) facilities

impianti e macchinari equipment

impianti fissi fixtures (on balance sheet)

impiegato (m) employee, white-collar worker

impiegato in fase d'addestramento trainee

implicazione (f) implication

imporre tasse levy taxes (v)

importare import (v)

importatore/trice (m/f) registrato importer of record

importazione (f) import

importo (m) fisso flat rate

imposta (f) tax

imposta aziendale corporation tax

imposta d'esportazione export tax

imposta d'importazione import tax

imposta di successione inheritance tax

imposta fondiaria land tax

imposta indiretta indirect tax

imposta patrimoniale estate tax

imposta regressiva regressive tax

imposta ritenuta alla fonte withholding tax

imposta specifica specific duty

imposta sui beni di lusso   luxury tax

imposta sui consumi   excise tax, excise duty

imposta sui salari   payroll tax

imposta sul consumo   use tax

imposta sul reddito delle persone fisiche (IRPEF)   personal income tax

imposta sul reddito delle persone giuridiche (IRPEG)   corporate income tax

imposta sul valore aggiunto (IVA)   value-added tax

imposta sulla vendita al dettaglio   retail sales tax

imposta sulle vendite   sales tax

imposta variabile   flexible tariff

imposta variabile di importazione   variable import levy

imposte arretrate   back taxes

imposte indirette   internal revenue tax

imposte locali   local taxes

imprenditore/trice (m/f)   entrepreneur

impresa (f)   enterprise

imputato (m)   imputed

in base alla disponibilità   availability, subject to

in contanti   cash basis

in conto   on account

in ogni caso   down the line

in passivo   in the red

in transito   in transit

inadeguato   inadequate

inattivo   off-line

inattuabile   unfeasible

incentivo (m)   incentive

incentivo finanziario   financial incentive

incidente (m) industriale   industrial accident

incitazione (f) alla discordia   barratry

incorporare   incorporate (v)

incrementare   increase (v)

incremento (m)   increase

indagine (f) di mercato   market survey

indebitamento (m)   indebtedness

indennità (f)   indemnity

indicatore (m) in ritardo   lagging indicator
indicatore principale   leading indicator
indicatori economici   economic indicators
indice (m)   index (indicator), table of contents
indice composto   composite index
indice dei prezzi   price index
indice dei prezzi al consumo   consumer price index
indice della borsa   stock index
indice delle opzioni   option index
indice di crescita   growth index
indice di mercato   market index
indici di bilancio   balance ratios
indicizzare   index (v)
indicizzazione (f)   indexing
industria (f)   industry
industria che dipende molto dal fattore della mano-dopera   labor-intensive industry
industria di mercato libero   free market industry
industria in fase di crescita   growth industry
industria nascente   infant industry
industria pesante   heavy industry
inefficiente   inefficient
inflazione (f)   inflation
inflazionistico   inflationary
influenzare   impact, have an...on (v)
informazione (f) riservata   tip (inside information)
infrastruttura (f)   infrastructure
infusione (f) di fondi da nuove fonti   new money
ingannevole   misleading
inganno (m)   double dealing
ingegneria (f)   engineering
ingegneria civile   civil engineering
ingegneria elettrica   electrical engineering
ingegneria industriale   industrial engineering
ingegneria meccanica   mechanical engineering
ingiunzione (f)   injunction
ingranaggio (f)   gearing
ingrandire   enlarge (v)

iniziare un'azione reciproca   interact (v)

innalzamento (m) dei capitali   raising capital

innesto (m) acustico   acoustic coupler

innovazione (f)   innovation

insediamento (f)   takeover

insediamento tramite acquisto del controllo azionario   stock takeover

insolvente   insolvent

instabilità (f)   instability

intangibili (m)   invisibles

integrazione (f) verticale   vertical integration

interbanca   interbank

interesse (m)   interest

interesse composto   compound interest

interesse del proprietario   owner's equity

interesse lungo   long interest

interesse maggioritario   controlling interest, majority interest

interesse maturato   accrued interest

interesse minoritario   minority interest

interessi acquisiti   vested interests

interessi in comune   pooling of interests

interessi incipienti   inchoate interest

interface (m)   interface

intermediario (m)   broker, intermediary, middleman

intermediario di obbligazioni   bill broker

intermediario per l'esportazione   export middleman

intermediario valutario   money broker

interno   internal

intervallo (m) (per caffè)   coffee break

intervallo tra progettazione e produzione   lead time

intervenire   intervene (v)

intervista (f)   interview

intraprendere   undertake (v)

introdurre   phase in (v)

introito (m)   income, revenue

introito rettificato   adjusted earned income

invalidare   invalidate (v)

invalido   void
inventario (m)   inventory
inventario contabile   book inventory
inventario dei beni finiti   finished goods inventory
inventario fisico   physical inventory
inventario periodico   periodic inventory
inventario perpetuo   perpetual inventory
inventario registrato   book inventory
investimenti (m) azionari   equity investments
investimento (m)   investment
investimento capitale   capital expenditure
investimento costante   fixed investment
investimento di fondi per iniziare l'attività   pump priming
investimento di protezione a lunga scadenza   long hedge
investimento diretto   direct investment
investimento lordo   gross investment
investimento netto   net investment
investimento reale   real investment
investire   invest (v)
investitore/trice (m/f) istituzionale   institutional investor
invio (m)   dispatch
ipoteca (f)   mortgage, purchase money mortgage
ipoteca con tasso d'interesse variabile   variable rate mortgage
ipoteca secondaria   second mortgage
ipoteca su beni mobili   chattel mortgage
ipotecare (v)   hypothecate
ispettore/trice (m/f)   inspector
ispezione (f)   inspection
ispezione a voce   voiced check
istruire   instruct (v)
istruzione (f) in gruppo   group training
istruzione reciproca   reciprocal training
istruzione sul posto di lavoro   on-the-job training
istruzioni (f) per il trasporto   shipping instructions

J

joint venture (m) joint venture

L

laboratorio (m) workshop

laissez-faire laissez-faire

lanciare (una nuova impresa) float (v) (issue stock)

lanciare un nuovo prodotto sulla base di un altro prodotto spin off (v)

lasciare una certa somma di fondi nel conto corrente presso la istituzione compensating balance

lascito (m) bequest

lavorare process (v), work (v)

lavorare per conto proprio self-employed, be (v)

lavoratore (m) laborer

lavoratore a cottimo (m) jobber

lavorazione (f) su commessa rack jobber

lavori (m) pubblici public works

lavoro (m) job, labor

lavoro a cottimo piecework

lavoro in corso work in progress

lavoro indiretto indirect labor

lavoro manuale unskilled labor

lavoro nero moonlighting

lavoro non specializzato unskilled labor

lavoro per contratto work on contract

lavoro straordinario overtime

lavoro straordinario pagato il doppio double time

legame (m) liaison

legato con un contratto indentured

legge (f) law

legge dei rendimenti decrescenti law of diminishing returns

legge mercantile mercantile law

legge sui brevetti patent law

leggi anti-monopolistiche antitrust laws

lettera (f) letter

lettera d'indennità letter of indemnity

lettera d'investimento   investment letter
lettera di accompagnamento   cover letter
lettera di credito   letter of credit
lettera di credito bancaria   bank letter of credit
lettera di credito rotativa   revolving letter of credit
lettera di garanzia   letter of guaranty
lettera di presentazione   letter of introduction
lettera di ripartizione   allotment letter
lettera di vettura   waybill
lettera tipo, lettera "standard"   form letter
liberismo (m) economico   free enterprise
libero da medie particolari   free of particular average
libero professionista (m/f)   freelancer
libretto (m) di deposito bancario   passbook
libro (m) cassa   cash book
libro mastro   ledger
libro paga   payroll
licenza (f)   leave of absence, license
licenza di importazione   import license
licenze accavallate   cross-licensing
licenziamento (m)   lay-off
licenziare   fire (v)
licenziatario (m)   dealership
limite (m) di perdita   position limit
limite generalmente giornaliero dell'aumento o decremento dei valori   trading limit
linea (f) campionaria   sample line
linea di credito   credit line
linea di credito a richiesta   demand line of credit
linea di montaggio   assembly line
linea di picchettaggio   picket line
linea di prodotti   product line
linea di produzione   production line
Linea Internazionale di Demarcazione (dove il giorno cambia)   International Date Line
lineare   linear
linguaggio (m) algoritmico   algorithmic language
linguaggio per elaboratori elettronici   computer language

liquidare remainder (v)
liquidazione (f) liquidation
liquidazione dei conti payoff
liquidità (f) liquidity, solvency
lista (f) di controllo checklist
listino (m) d'imballaggio packing list
listino di spese rimborsabili expense account
listino prezzi price list
lite (f) litigation
livellare level out (v)
livello (m) commerciale commercial grade
livello d'utilizzo della capacità produttiva capacity, utilization
livello di qualità accettabile acceptable quality level
livello di qualità per investimenti investment grade
livello di reddito income bracket
livello salariale wage level
localizzazione (f) degli impianti plant location
locatario (m) lessee
locatore/trice (m/f) lessor
logistica (f) logistics
lotto (m) lot

M

macchinari (m) machinery
macinatura (f) milling
macroeconomia (f) macroeconomics
magazziniere (m) warehouseman
magazzino (m) warehouse
magazzino commerciale nell'estremo oriente godown
magazzino doganale bonded warehouse
magazzino regolare regular warehouse
mais (m) maize
malinteso misunderstanding
mancanza (f) shortage
mancare short of, to be (v)
mandato (m) mandate, writ
maniera (f) mode

manifesto (m) manifest
manodopera (f) manpower
manodopera diretta direct labor
manodopera specializzata skilled labor
mansione (f) job
mantenere service (v)
manutenzione (f) maintenance
manutenzione e servizio successivi alla vendita after-sales service
manutenzione preventiva preventive maintenance
marca (f) brand
marchio (m) logo
marchio registrato trademark, registered trademark
margine (m) a termine forward margin
margine di manutenzione maintenance margin
margine di prestito lending margin
margine di profitto profit margin
margine di sicurezza margin of safety
margine lordo gross margin
margine netto net margin
margine variabile variable margin
market market (v)
marketing (m) marketing
marketing per il mercato di massa mass marketing
marketing telefonico telemarketing
massimo (m) livello amministrativo top management
materia (f) prima raw materials
materiale (m) rotante rolling stock
materiali materials
maturare accrue (v)
maturazione (f) accrual
maturità (f) maturity
media (f) average, mean
media aritmetica arithmetic mean
media del costo in dollari dollar cost averaging
media ponderata weighted average
media variabile moving average

mediatore (m) delle azioni   stockbroker
mediatore di partite sparse   odd lot broker
mediatore di software   software broker
mediatore per noleggio   charterparty agent
mediazione (f)   mediation
medio termine (m)   medium term
memorandum (m)   memorandum
memoria (f) d'accesso casuale   random access memory
memoria dell'elaboratore   computer memory
memoria magnetica   magnetic memory
mercante (m)   merchant
mercantile   mercantile
mercanzia (f)   merchandising
mercato (m)   market, marketplace
mercato a contanti   spot market
mercato a due livelli   two-tiered market
mercato a termine   forward market
mercato all'ingrosso   wholesale market
mercato aperto   open market
mercato capovolto   inverted market
mercato comune   common market
mercato debole   thin market
mercato dei capitali   capital market
mercato del lavoro   labor market
mercato favorevole all'acquirente   buyer's market
mercato grigio   gray market
mercato instabile   volatile market
mercato interno   home market
mercato invertito   inverted market
mercato libero   free market
mercato marginale   fringe market
mercato monetario   money market
mercato nero   black market
mercato primario   primary market
mercato privilegiato   upmarket
mercato propenso per gli acquirenti   buyer's market
mercato ristretto   tight market

mercato secondario per titoli mobiliari secondary market (securities)

mercato volatile volatile market

merce (f) imballata bale cargo

merce imbarcata cargo

merce pallettizzata palletized freight

merchant (f) bank merchant bank

merci (f) freight

merci di tutti i tipi freight all kinds

merci esentasse free list (commodities without duty)

merci vincolate bonded goods

mese (m) contrattuale contract month

metalli (m) metals

metodo (m) method

metodo di ammortamento accellerato sum of the year's digits

metrificazione (f) metrification

metro (m) yardstick

mettere in appalto put in a bid (v)

mettere in fondo comune pool (v)

mettere sul mercato market (v)

mezza (f) scadenza (per buoni) half-life (bonds)

mezzi di communicazione mass media

mezzi di pubblicità advertising media

mezzo di scambio medium of exchange

micro computer (m) microcomputer

micro elaboratore (m) microprocessor

microchip (m) microchip

microfiche (f) microfiche

microfilm (m) microfilm

miglior offrente (m) highest bidder

miglioramenti (m) improvements

migliorare improve upon (v)

migliore qualità (f) top quality

mini computer (m) minicomputer

mini elaboratore elettronico (m) minicomputer

misura (f) del campione sample size

misurare measure (v)

mobilità (f) della manodopera   mobility of labor

modello (m)   mock-up, model, pattern

modello matematico   mathematical model

modifiche (f) incombenti   impending changes

modulatore (m) per la trasmissione di dati via cavo   modem

modulo (m)   order form

modulo di richiesta   application form

modulo di richiesta per brevetto   patent application

modulo multiplo   spreadsheet

mole (f)   volume

moltiplicatore (m)   multiplier

monitor (m)   monitor

monopolio (m)   monopoly

monopolio di stato   legal monopoly

monopolio legale   legal monopoly

monopsonio (m)   monopsony

montaggio (m)   assembly

montare   assemble (v) (things)

morale (m)   morale

moratorio (m)   moratorium

movimento (m) d'attività   asset turnover

movimento di cassa   cash flow

movimento di cassa incrementale   incremental cash flow

movimento positivo dei fondi   positive cash flow

mozione (f)   motion

multa (f) (l'ammenda)   fine (penalty)

multipli (m)   multiples

multiprogrammato   multiprogramming

multiproprietà (f)   time sharing

multivalutario (m)   multicurrency

N

nastro (m) della telescrivente   ticker tape

nastro di carta   paper tape

nastro magnetico   magnetic tape

nazionalismo (m)   nationalism

nazionalizzazione (f) nationalization

negligente negligent

negoziabile negotiable

negoziare negotiate (v)

negoziato (m) negotiation

negoziato tariffaro generale across-the-board tariff negotiation

negozio (m) al dettaglio retail outlet

negozio di denaro money shop

nel giro di una notte overnight

nessun problema no problem

netto net

nodo (m) knot (nautical)

noleggio (m) affreightment

noleggio a scafo nudo bareboat charter

nolo (m) anticipato advance freight

nolo "vuoto per pieno" dead freight

non associato (m) nonmember

non elencato unlisted

non equo unfair

non oltre indicato per nome not otherwise indexed by name

non registrato off-the-books

non residente (m) nonresident

non socio (m) nonmember

non sviluppato undeveloped

non ufficiale off board (stock market)

norma (f) norm

norma dell'uomo giudizioso prudent man rule

normativa (f) regulation

normativa per la costruzione in varie città zoning law

normativa sul lavoro labor law

normative bylaws

normative fitosanitarie phytosanitary regulations

normative per l'esportazione export regulations

normative per l'importazione import regulations

norme (f) per la richiesta di rimborso anticipato call rule

nota (f) d'avviso advice note

nota di accredito   credit note
nota di addebito   debit note
nota di debito   debit entry
nota di spedizione   consignment note
notaio (m)   notary
notazione (f) binaria   binary notation
notifica (f) di consegna   delivery notice
novazione (f)   novation
novità (f)   innovation
nullo   void
nullo a tutti gli effetti   null and void
numerazione (f) binaria   binary notation
numero (m) dell'ordine   order number
numero di conto   account number
numero di riferimento   reference number
nuova (f) emissione   new issue

O

obbligazione (f)   bond, flat bond, obligation
obbligazione a rate con pagamento maggiorato alla maturità   balloon note
obbligazione al portatore   bearer bond
obbligazione fiduciaria   fidelity bond
obbligazione garantita   backed note, guaranty bond
obbligazione garantita da ipoteca   mortgage bond
obbligazione garantita dai ricavi dell'emittente   revenue bond
obbligazione generale   blanket bond
obbligazione ipotecaria   mortgage debenture
obbligazione municipale   municipal bond
obbligazione senza cedole per ricevere interessi   zero coupon
obbligazioni   bond issue, debentures, securities
obbligazioni a scadenza periodica   serial bonds
obbligazioni convertibili   convertible debentures
obbligazioni del tesoro   treasury bonds
obbligazioni dirette   direct papers
obbligazioni redimibili   redeemable bonds
obiettivo (m) aziendale   company goal

obsolescenza (f) obsolescence
obsolescenza programmata planned obsolescence
occupazione (f) occupation
offerta (f) tender
offerta a voce oral bid
offerta aggregata aggregate supply
offerta al pubblico public offering
offerta d'acquisto tender offer
offerta d'insediamento takeover bid
offerta e la domanda supply and demand
offerta premio premium offer
offerta scritta written bid (stock exchange)
offerta secondaria di titoli di sicura affidabilità secondary offering (securities)

offerto e richiesto bid and asked
offrire offer (v)
offrire di più outbid (v)
oggetto di prima necessità commodity

oligopolio oligopoly
oligopsonio oligopsony
oltre la linea above-the-line
omettere omit (v)
omologazione (f) probate
onere (m) anticipato front-end fee
onere fiscale tax burden
onere variabile floating charge
oneri charges
oneri d'ancoraggio anchorage (dues)
oneri di sbarco landing charges
oneri di sollevamento di carichi pesanti heavy lift charges
oneri differiti deferred charges
oneri fissi fixed charges
oneri per l'uso del molo wharfage charges
onorario (m) amministrativo management fee
operai (m) manual workers, blue-collar worker
operaio a giornate journeyman

operatore (m) operator

operazioni (f) ausiliari ancillary operations

operazioni di mercato aperto open market operations

opzionale optional

opzione (f) option

opzione col privilegio di acquistare o vendere un'azione allo stesso prezzo straddle

opzione di acquistare delle azioni ad un dato prezzo entro un determinato periodo di tempo call option

opzione di acquisto di valori mobiliari in qualsiasi momento a un certo prezzo call feature

opzione di acquisto o di vendita di un contratto a termine futures option

opzione di vendita (di un'azione a un prezzo superiore a quello attuale) put option

opzione sulle azioni stock option

ora (f) d'arrivo prevista estimated time of arrival

ora di partenza prevista estimated time of departure

ora solare standard time

orario (m) schedule, timetable

ordinare order (v), place, an order (v)

ordine (m) order

ordine a scadenza time order

ordine a termine limit order (stock market)

ordine alternativo alternative order

ordine arretrato back order

ordine continuo open order

ordine d'acquisto purchase order

ordine del giorno order of the day

ordine di fermo perdita stop-loss order

ordine discrezionale discretionary order

ordine fisso standing order

ordine generale blanket order

ordine in giornata day order

ordine per corrispondenza mail order

ordine ripetuto repeat order

ordine successivo follow-up order

ordine urgente rush order

ordini inevasi backlog

ore (f) di lavoro working hours

ore lavorative man hours

ore migliori per la pubblicità televisiva prime time

organigramma (f) management chart, organization chart

organigramma di servizio staff organization

organigramma dirigenziale chain of command

organizzazione (f) organization

organo (f) consultivo advisory council

ottenere acquire (v)

ottimizzare maximize (v)

P

pacco (m) postale parcel post

paese (m) a rischio country of risk

paese con trattamento preferenziale most-favored nation

paese d'origine country of origin

paesi in via di sviluppo underdeveloped nations

paga (f) wage, wages

paga base minimum wage

paga base minima indicizzata index linked guaranteed minimum wage

paga minima minimum wage

pagabile al portatore payable to bearer

pagabile all'ordine payable to order

pagabile su richiesta payable on demand

pagamenti (m) anticipati advance payments

pagamento (m) disbursement, payment

pagamento alla consegna cash delivery, collect on delivery

pagamento anticipato cash in advance

pagamento completo payment in full

pagamento del premio premium payment

pagamento in contanti cash-and-carry

pagamento in natura payment in kind

pagamento parziale partial payment

pagamento prima della consegna cash before delivery

pagamento rifiutato payment refused

pagante (m) payer

pagare pay (v)
pagare in contanti pay as you go
pagherò (m) cambiario promissory note
pallet (m) pallet
paradiso (m) fiscale tax haven
parametri (m) guidelines
parcella (f) (agency) commission
parcella dell'agenzia agency fee
pari par
parità (f) parity, sliding parity
parità d'interesse interest parity
parità di comodo accommodation parity
parità mobile crawling peg
parità variabile moving parity
parte della merce part cargo
parte dovuta per il capitale netto equity share
parti parts
parti di ricambio replacement parts
partita (f) lot
partita arrotondata round lot
partita divisa broken lot
partita frazionata odd lot
partita intera round lot

partita variabile sliding parity
passività differite deferred liabilities
passività garantita liability secured
passività senza garanzia unsecured liability

patrimonio (m) estate
patrimonio congiunto joint estate
patto (m) collettivo collective agreement
patto commerciale trade agreement
patto implicito implied agreement
pegno (m) lien
pegno negativo negative pledge
pegno per il mercato mechanics' lien
penetrazione (f) commerciale market penetration
pensionamento (m) retirement

pensionante (m/f)   annuitant

per azione   per share

per esportazione   for export

percentuale di guadagni   percentage earnings

percentuale (f) di profitti   percentage of profits

perdita (f)   loss

perdita detraibile dalle imposte   carryback

perdita lorda   gross loss

perdita media in genere   general average loss

perdita media particolare   particular average loss

perdita netta   net loss

perdita sul cambio   exchange loss

perdita totale effettiva   actual total loss

perforatore (m)   keypuncher

pericolo (m) professionale   occupational hazard

periodicità (f) del conto   account period

periodo (m) contabile, il periodo di contabilità   accounting period

periodo d'interesse   interest period

periodo di detenzione   holding period

periodo di grazia   grace period

periodo di pagamento   payout period

periodo di preparazione   lead time

periodo di ripagamento   payback period

periodo di riscossione   collection period

periodo di tempo durante il quale l'elaboratore rimane inutilizzabile   downtime

periodo di tempo durante il quale la banca usufruisce degli assegni depositati e non incassati   float (outstanding checks, stock)

periodo di tempo inutilizzabile   down period

periodo finanziario   financial period

permesso (m)   permit

permesso amministrativo per vendere beni di consumo   excise license

permesso d'entrata   entry permit

permesso d'esportazione   export permit

permesso d'esportazione di beni culturali   cultural export permit

permesso di lavoro working papers

permettere allow (v)

permuta (f) degli introiti applied proceeds swap

persona (f) responsabile per un prodotto e/o un cliente account executive

personale (m) staff

personale di vendita sales force

personale e i dirigenti staff and line

peso (m) weight

peso lordo gross weight

petrochimica (f) petrochemical

petrodollari (m) petrodollars

petroliera (f) tanker

pianificazione (f) a lunga scadenza long-range planning

pianificazione aziendale corporate planning

pianificazione del progetto project planning

pianificazione finanziaria financial planning

pianificazione industriale industrial planning

piano (m) plan

piano commerciale business plan

piano d'azione action plan

piano di immediata esecuzione activity on arrow

piano di mercato market plan

piattaforma (f) di comodo accommodation platform

piazzare un ordine place an order (v)

piccola industria (f) small business

piccola pubblicità (f) classified ad, want ad

piccolo furto (m) pilferage

pilotaggio (m) pilotage

plusvalore (m) unearned increment

pochi (m) ordini di acquisto a un dato prezzo thin market

politica (f) aziendale company policy

politica commerciale business policy

politica d'investimento investment policy

politica di apertura open door policy

politica di distribuzione distribution policy

politica monetaria monetary policy

polizza (f) policy

polizza d'assicurazione insurance policy

polizza d'assicurazione di gruppo group insurance

polizza d'assicurazione sulla vita life insurance policy

polizza di carico bill of lading

polizza di carico con riserve o eccezioni foul bill of lading

polizza di carico nazionale inland bill of lading

polizza per un gruppo di automobili fleet policy

porre in vendita offer for sale (v)

porta-a-porta (vendite) door-to-door (sales)

portafoglio (m) portfolio

portafoglio azionario stock portfolio

portare a nuovo carry forward (v)

portatore (m) bearer, carrier

portatore di obbligazioni bonded carrier

porto (m) d'importazione denominato named port of importation

porto di spedizione denominato named port of shipment

porto franco free port

posizione (f) di mercato market position

posizione netta net position, (of a trader)

posizione scoperta short position

posizione secondaria second position

possessore in buona fede holder in due course

postdatare afterdate (v), back date (v)

postdatato postdated

posticipare postpone (v)

postilla (f) (contracts) rider

posto (m) di lavoro place of business, work station, workplace

posto di lavoro autonomo stand-alone work station

potenziale (m) di capacità produttiva di un impianto plant capacity

potenziale di crescita growth potential

potenziale di mercato market potential

potere (m) d'acquisto purchasing power

potere del buono bond power

potere delle azioni stock power

potere di emettere obbligazioni bond power

potere di negoziazione bargaining power

prassi (f) burocratica red tape

pratiche (f) d'uso standard practice

pratico practical

preavviso (m) advance notice

precedenza (f) right of way

precetto (m) garnishment

prefabbricazione (m) prefabrication

preferenza (f) per la liquidità liquidity preference, (economics)

premio (m) bonus, (premium), reward

premio d'accelerazione acceleration premium

premio d'assicurazione insurance premium

premio d'assicurazione premium, insurance

premio del compratore buyer's premium

premio di redimibilità redemption premium

premio sulla zavorra ballast bonus

prendere in prestito borrow (v)

prendere la media averaging

prepagare prepay (v)

preparatore (m) delle paghe paymaster

presidente (m) president

presidente del consiglio chairman of the board

pressione (f) duress

prestiti (m) con tasso d'interesse basso (favorevole) low-interest loans

prestiti erogati sulla base di una garanzia ricevuta back-to-back loans

prestito (m) loan

prestito a termine term loan

prestito bancario bank loan

prestito con minor garanzia soft loan

prestito fiduciario fiduciary loan

prestito giornaliero day loan

prestito partecipato participation loan

prestito rimborsabile a domanda call loan
prestito senza garanzia unsecured loan
prestito vincolato tied loan
prevedere forecast (v)
preventivo (m) capitale capital budget
preventivo d'investimento investment budget
preventivo di cassa cash budget
preventivo in contanti cash budget
preventivo operativo operating budget
preventivo per il marketing marketing budget
preventivo per le spese di vendita sales budget
preventivo provvisorio interim budget
preventivo pubblicitario advertising budget
preventivo spese impianti e macchinari capital budget
previsione (f) forecast
previsione del mercato market forecast
previsione del preventivo budget forecast
previsione di spese di consulenza advisory funds
previsioni di vendita sales forecast
prezzo (m) price
prezzo CIF rettificato adjusted CIF price
prezzo al dettaglio retail price
prezzo al quale è redimibile un buono a richiesta call price
prezzo all'ingrosso wholesale price
prezzo alla chiusura closing price
prezzo alla consegna delivered price
prezzo concorrenziale competitive price
prezzo corrente going rate, (or price)
prezzo d'acquisto purchase price
prezzo d'emissione issue price
prezzo dell'oro gold price
prezzo di apertura del mercato opening price
prezzo di base base price
prezzo di consegna delivery price
prezzo di listino list price
prezzo di mercato price, market
prezzo di parità parity price

prezzo di premio premium price
prezzo di sottoscrizione subscription price
prezzo di una opzione di acquisto call price
prezzo fissato pegged price
prezzo indicativo target price
prezzo iniziale opening price
prezzo limite price limit
prezzo lordo gross price
prezzo massimo top price
prezzo medio average price
prezzo nominale nominal price
prezzo offerto offered price
prezzo previsto estimated price
prezzo reale real price
prezzo richiesto asking price
prezzo unitario unit price
prima azione (f) privilegiata first preferred stock
prima partita ad entrare/la prima partita ad uscire first in-first out
principale (m) principal
priorità (f) priority
privilegio (m) del venditore vendor's lien
pro capite per capita
problema (m) problem
procedimento di produzione production process
procedura (f) brevettata patented process
procedura di regolamento adjustment process
procedura per stabilire una lamentela grievance procedure
procedure restrittive di lavoro restrictive labor practices
processo produttivo production process
procura (f) power of attorney, proxy
prodotti (m) merchandise
prodotti agrari agricultural products
prodotti lattiero-caseari dairy products
prodotto (m) product
prodotto locale native produce

prodotto derivato   by-product
prodotto finale   end product
prodotto interno lordo   gross domestic product
prodotto nazionale lordo (Pnl)   gross national product, (GNP)
prodotto secondario   by-product
produttività (f)   productivity
produttività marginale   marginal productivity
produttore (m)   manufacturer
produzione (f)   output, outturn, production
produzione del computer   computer output
produzione di serie   mass production
produzione in lotti   batch production
produzione modulare   modular production
produzione per conto terzi   private label, (or brand)
professione (f)   profession
profilo (m) di acquisizione, profilo d'acquisto   acquisition profile
profitti (m) inattesi   windfall profits
profitti ritenuti   retained earnings
profitto (m)   profit
profitto lordo   gross profit
profitto netto   net profit
profitto su carta   paper profit
profitto sull'investimento   return on investment
progettare   plan (v)
progettare   project (v)
progettazione (f) d'impianti   design engineering
progettazione (f) dei sistemi di elaborazione   systems design, systems engineering
progettazione industriale   design engineering
progettazione industriale   industrial engineering
progettazione utilizzando costi più bassi tra costi alternativi per espletare una certa attività   value engineering
progetto (m)   project
programma (m)   program
programma d'investimento   investment program
programma del computer   computer program

programma dell'elaboratore computer program
programma di mercato market plan
programma di produzione production schedule
programmare program (v)
programmazione (f) aziendale corporate planning
programmazione lineare linear programming
proiettare project (v)
proiezione (f) degli utili profit projection
promessa (f) covenant, pledge
promozione (f) promotion
promozione delle vendite sales promotion
pronto prompt
pronto per l'utilizzo (computer) on line
proporzione (f) ratio
proprietà (f) ownership, property
proprietà incamerata escheat
proprietà personale personal property
proprietà pubblica public property
proprietario (m) landowner, owner, proprietor
proprietario assente absentee ownership
proprietario unico sole proprietor
prospettiva (f) outlook
prospetto (m) prospectus
prospetto preliminare preliminary prospectus
protestare protest (banking; law) (v)
protezione (f) dalla richiesta di un rimborso immediato (obbligazioni) call protection
protezionismo (m) protectionism
proventi (m) proceeds
proventi sul capitale return on capital
provvigione (f) (fee) commission
provvisorio interim
pubbliche (f) relazioni public relations
pubblicità (f) advertising, publicity
pubblicità cooperativa (in compartecipazione) co-operative advertising
pubblicità diretta direct mail

pubblicità istituzionale institutional advertising

punti (m) di consegna delivery points

punti di maggior interesse nel rapporto finanziario
financial highlights

punto (m) comune oltremare overseas common point

punto d'esportazione indicato named point of exportation

punto d'origine indicato named point of origin

punto della parità break-even point

punto (centesimo di un percento di base) basis point, (1/100%)

punto di pareggio break-even point

punto di vantaggio competitive edge

punto di vendita point of sale

punto interno denominato nel paese d'importazione
named inland point in country of origin

punto morto deadlock

Q

quadro (m) amministrativo management chart

qualifiche (f) qualifications

qualità (f) commerciale commercial grade

quando emesso when issued

quantità (f) quantity

quantità di lavoro work load

quantità di materiale messa in produzione durante un determinato periodo throughput

quantità per un ordine economico economic order quantity

questione (f) di procedura point of order

quorum (m) quorum

quota (f) quota

quota d'esportazione export quota

quota d'importazione import quota

quota di mercato market share

quota di vendita sales quota

quotazione (f) quotation

quotazione fuori borsa over-the-counter quotation

R

raccoglimento (m) dei capitali raising capital

raccolta dei capitali capital, raising

raccomandata (f) registered mail

rafforzamento (m) delle azioni rally

raggiungere una media averaging

raggrupamento (m) dei conti group accounts

ragioniere (m) diplomato dallo stato certified public accountant

ragioniere professionista chartered accountant

rapporti (m) sindacali labor relations

rapporto (m) annuale annual report

rapporto corrente current ratio

rapporto d'alimentazione feed ratio

rapporto di contabilità accounting ratio

rapporto di copertura cover ratio

rapporto di liquidità acid-test ratio

rapporto di liquidità liquidity ratio

rapporto perdita contro perdita loss-loss ratio

rapporto sul mercato market report

rapporto tra capitale e produzione capital-output ratio

rapporto tra i prezzi ed i guadagni di un azione price/earnings ratio, p/e ratio

rapporto tra il reddito e la parità parity income ratio

rappresentante (m) representative

rappresentante del produttore manufacturer's representative

rappresentante nominato registered representative

razionare ration (v)

recessione (f) recession

reclamo (m) claim

reclamo indiretto indirect claim

recuperare salvage (v)

redditività (f) profitability

reddito (m) income, yield

reddito alla maturità yield to maturity

reddito annuale variabile variable annuity
reddito differito deferred income
reddito disponibile disposable income
reddito effettivo actual income
reddito esentasse tax-free income
reddito futuro scontato al valore attuale discounted cash flow
reddito lordo gross income
reddito maturato accrued revenue
reddito netto net income
reddito nominale nominal yield
reddito non da lavoro unearned revenue
reddito operativo operating income
reddito reale real income
reddito sugli interessi interest income
reddito sul capitale netto return on equity
referenza (f) bancaria credit reference
referenza per ottenere credito credit reference
registrare post (v) (bookkeeping)
registrazione (f) a debito debit entry
registrazione del movimento di cassa cash entry
regolamenti (m) bylaws
reinvestire plow back (v) (earnings)
relazione (f) report
relazione del movimento di cassa cash flow statement
relazione sugli utili earnings report
relazioni con gli investitori investor relations
relazioni con il personale employee relations
relazioni industriali industrial relations
remissione (f) dell'imposta remission duty
remissione di una tassa remission of a tax
rendere disponibile make available (v)
rendiconto (m) bancario bank statement
rendimento (m) income yield, yield, yield to maturity
rendimento competitivo agli investimenti alternativi fair return
rendimento corrente current yield
rendimento del dividendo dividend yield

rendimento effettivo   effective yield
rendimento interno   internal rate of return
rendimento lordo   gross yield
rendimento piatto   flat yield
rendimento reale al netto di tasse   after-tax real rate of return
rendimento sui guadagni   earnings performance
rendimento sul capitale   return on capital
rendimento sulle attività amministrate   return on assets managed
rendita (f)   annuity
rendita settimanale   weekly return
rendita sui guadagni   earnings yield
rendite differite   deferred annuities
reparto (m)   department
reparto affittato   leased department
reparto contabilità   accounting department
reparto personale   personnel department
reparto progettazione e stilismo   engineering and design department
requisiti (f)   requirements
resa (f) sui capitali   return on capital
resa sulle vendite   return on sales
responsabile (m) degli acquisti   chief buyer
responsabile delle esportazioni   export manager
responsabile per l'imposta   liable for tax
responsabilità (f)   accountability, liability
responsabilità congiunta   joint liability
responsabilità contingente   contingent liability
responsabilità corrente   current liabilities
responsabilità differite   deferred liabilities
responsabilità effettiva   actual liability
responsabilità fissa   fixed liability
responsabilità limitata   limited liability
responsabilità personale   personal liability
responsabilità presunta   assumed liability
responsabilità dell'acquirente   buyer's responsibility
responsabilità effettiva   actual liability
restrizioni (f) all'esportazione   restrictions on export

rete (f) di distribuzione distribution network
retroazione (f) feedback
revisionare amend (v)
revisione (f) annuale dei conti annual audit
revisione interna internal audit
revisore (m) auditor
revisore bancario bank examiner
riacquistare buy back (v)
riassicuratore (m) reinsurer
ribasso (m) downswing, downturn
ricambio (m) della manodopera labor turnover
ricambio delle azioni stock turnover
ricapitalizzazione (f) recapitalization
ricarico (m) markup
ricavi (m) marginali marginal revenue
ricavo (m) revenue
ricchezza (f) wealth
ricerca (f) research
ricerca di azione action research
ricerca di mercato market research
ricerca di personale dirigenziale executive search
ricerca e lo sviluppo research and development
ricerca sul consumatore consumer research
ricevuta (f) receipt, voucher
ricevuta del custode del molo dock, (ship's receipt)
ricevuta fiduciaria trust receipt
richiamo (m) (in genere per articoli difettosi) callback
richiedente un notevole investimento di capitale capital-intensive
richiedere demand (v)
richiedere il saldo del deposito per coprire perdite sulla borsa margin call
richiesta (f) demand
richiesta d'appalto advertisement, (request) for bid
richiesta d'appalto invitation to bid
riconoscere acknowledge (v)
riconoscimento (m) della marca brand recognition
ricorso (m) recourse

ricorso al prestito per finanziare un'attività   deficit financing

ricovero (m)   recovery

ridurre l'inventario   draw down (v)

riduzione (f)   abatement, cutback, rollback

riduzione dei costi   cost reduction

riduzione dei prezzi   price cutting

riduzione della differenza tra costi e prezzi che riduce il profitto   cost-price squeeze

riduzione delle tasse tramite facilitazioni permesse dal governo   tax shelter

riduzione nel numero delle azioni   reverse stock split

riempire   top up (v)

rientro (m) in possesso   repossession

riesportare   re-export (v)

rifinanziamento (m)   refinancing

rifiutare accettazione   refuse acceptance (v)

rifiutare pagamento   refuse payment (v)

riflazione (f)   reflation

riforma (f) fondiaria   land reform

rifugio (m) fiscale   tax haven

riguardo (al riguardo)   regard (with regard to)

rilevazione (f) delle quote del soci liquidati   buyout

rimanenze (f)   odd lot

rimborsare   reimburse (v)

rimborso (m)   refund

rimborso anticipato   advance refunding

rimborso delle spese   recovery of expenses

rimedio (m)   remedy, (law)

rimessa (f) telegrafica   cable transfer

rimunerazione (f)   remuneration

rinegoziare   renegotiate (v)

rinnovare   renew (v)

rinuncia (f) ad un atto di proprietà   quitclaim deed

rinvestimento (m) degli utili di un investimento   rollover

riordinare   reorder (v)

riorganizzare   reorganize (v)

ripagare   repay (v)

riparare il sistema nell'elaboratore   debug (v)

ripartizione (f)   allotment

riportare   carryover

rischio (m)   risk

rischio cumulativo   aggregate risk

rischio puro   pure risk

rischio sul cambio   exchange risk

riscontro (m)   reply

riserva (f)   reserve

riserva capitale   capital allowance

riservato   confidential

riserve (f) d'oro   gold reserves

riserve di capitali presi a prestito   net borrowed reserves

riserve minime   minimum reserves

riserve primarie   primary reserves

risoluzione (f)   resolution, (legal document)

risoluzione di problemi   problem solving

risoluzione generale   across-the-board settlement

risorse (f) del personale   human resources

risorse naturali   natural resources

risparmi (m)   savings

rispondere   reply (v)

ristorno (m)   drawback

ristrutturare   restructure (v)

ristrutturazione (f) urbana   urban renewal

risultati (m) previsti   expected results

il ritardo (m)   delay, demurrage

ritardo fiscale   fiscal drag

ritirare   take down (v)

ritiro (m) e la consegna   pickup and delivery

ritorno (m) di una parte della merce sullo stesso percorso utilizzato per il trasporto originale   back haul

ritorno sull'investimento   return on investment

riunione (f)   meeting

riunione degli azionisti   shareholders' meeting

riunione del consiglio   board meeting

riunione generale   general meeting

riunione plenaria   plenary meeting

riunire   assemble (v) (people)

rivalutazione (f)   revaluation

rivedere   audit (v)

rivendita (f)   resale

rivendita del prodotto al fornitore originale   back selling

rivenditore (m) autorizzato

authorized dealer   routine (f)

routine

S

sala (f) conferenze   conference room

sala del consiglio   boardroom

sala delle contrattazioni   floor, (of exchange)

sala delle negoziazioni   trading floor, (stock exchange)

salariato (m)   wage earner

salario (m)   salary, wages

salario reale   real wages

saldare   pay up (v)

saldo (m) a credito   credit balance

saldo completo   full settlement

saldo contabile   account balance

saldo e credito   balance, credit

saldo liquido   cash balance

salvaguardia (m)   safeguard

saturazione (f) del mercato   market saturation

sbalzo (m) di prezzo   price tick

sbocco (m)   outlet

sborsamento (m)   outlay

scadenza (f)   deadline

scadenza oltre la quale non sono permesse azioni legali   statute of limitations

scaduto   overdue, past due

scala (f) salariale   wage scale

scala variabile   sliding scale

scambiare   exchange (v)

scambio (m)   trade-off

scaricare discharge (v), unload (v)

scarico (m) con chiatte lighterage

scarto (m) spoilage

scarto quadratico medio standard deviation

scheda (f) perforata punch card

schema (m) layout

scioperare strike (v)

sciopero (m) walkout

sciopero generale general strike

sciopero selvaggio wildcat strike

scontare discount (v), mark down (v)

sconto (m) abatement, discount, leakage, rebate

sconto agli operatori settoriali trade discount

sconto applicato sulle unità di carico unit load discount

sconto di volume volume discount

sconto per contanti cash discount

sconto per quantità quantity discount

sconto sul cambio exchange discount

scoprire e localizzare i guasti troubleshoot (v)

scorrere in modo regolare streamline (v)

scrittura (f) contabile correttiva adjusting entry

scrittura di chiusura closing entry

sede (f) headquarters

sede amministrativa operations headquarters

sede centrale head office

segretario (m) superiore executive secretary

selezionare screen (v)

self-service (m) self-service

senza cambio gearless

senza dividendo ex dividend

senza fini di lucro nonprofit

senza impegni free and clear

senza testamento intestate

senza valore worthless

senza valore alla pari no par value

separazione (f) separation

sequestrare impound (v)

serpente (m) valutario (CEE) currency band

serrata (f) lock out

servizi (m) facilities

servizi finanziaria financial services

servizi pubblici public utilities

servizio consultivo service advisory

servizio di corriere courier service

servizio reso al cliente customer service

settore (m) pubblico public sector

sfavorevole unfavorable

sgravare dalle tasse chargeoff (v)

sgravio (m) fiscale tax allowance, tax relief

sicurezza (f) security

sigla (f) acronym

simulare simulate (v)

sindacato (m) labor union, trade union

sindacato industriale industrial union

sistema (m) contabile, sistema di contabilità accounting method

sistema di competenza accrual method

sistema di contingentamento quota system

sistema di gestione integrato integrated management system

sistema di parità variabile adjustable peg

sistema di vendita rateale installment plan

situazione irresolubile deadlock

slittamento (m) salariale wage drift

smontare take down (v)

società (f) corporation

società a responsabilità limitata (s.r.l.) limited partnership

società di finanziamento finance company

società di persone partnership

società finanziaria holding company

società in accomandita associate company

società in accomandita semplice (s.a.s.) general partnership

società madre holding company

società multinazionale multinational corporation

società per azioni corporation

società per la gestione degli investimenti trust company

socio member of firm, partner

socio a vita life member

socio accomandante silent partner

socio secondario junior partner

soddisfazione (f) del consumatore consumer satisfaction

soffitto (m) ceiling

software (m) software

soggetto a liable to

sollecitare pagamento dun (v)

sollecito prompt

somma (f) amount

somma dei numeri dell'anno precedente sum of the year's digits

somma dovuta amount due

somma globale lump sum

somma in eccesso ai fondi disponibili overdraft

sondaggio (m) della opinione pubblica public opinion poll

sopra la pari above par

soprapprezzo (m) surcharge

soprattassa (f) surtax

sopravvalutato overvalued

sopravvenienza (f) passiva contingent liability

sospendere il pagamento suspend payment (v)

sostegno (m) d'appoggio backing support

sostegno del prezzo price support

sostituire supersede (v)

sotto la pari below par

sotto norma substandard

sotto-capitalizzato undercapitalized

sottopagato underpaid

sottoscritto (m) undersigned

sottoscritto oltre il necessario   oversubscribed

sottoscrittore (m)   underwriter

sottoscrittore dell'assicurazione   insurance underwriter

sottovalutare   underestimate (v), undervalue (v)

sovrabbondanza (f)   glut

sovraccarico (m)   overstock, surcharge

sovrappagato   overpaid

sovrapposizione (f)   overlap

sovrapprezzo (m)   overcharge

spartire   allot (v)

spartizione (f) degli utili   profit sharing

specialistà (m)   specialist, (stock exchange)

specificare   earmark (v)

speculatore (m)   speculator

spedizione (f)   consignment

spedizione a termine   forward shipment

spedizione aerea   air shipment

spedizione fatta direttamente al dettagliante   drop shipment

spedizione incompleta   short shipment

spedizioni illegali   illegal shipments

spedizioniere (f)   forwarding agent, freight forwarder, shipper

spedizioniere doganale   customs broker

spedizione (f)   dispatch, shipment

spesa (f)   expenditure

spesa amministrativa   administrative expense

spesa dei capitali   capital spending

spesa fatta mentre la ditta è in passivo   deficit spending

spese   expenses

spese (f) correnti   running expenses

spese costanti   fixed expenses

spese d'immobilizzo   carrying charges

spese d'interesse   interest expenses

spese di ormeggio   dock handling charges

spese di recupero   salvage charges

spese di scambio switching charges

spese di spedizione shipping expenses

spese di tasca propria out-of-pocket expenses

spese di trasloco moving expenses

spese di trasporto shipping expenses

spese dirette direct expenses

spese evitabili avoidable costs

spese fisse fixed expenses

spese fisse generali overhead

spese incidentali incidental expenses

spese indirette indirect expenses

spese maturate accrued expenses

spese operative operating expenses, running expenses

spese prepagate prepaid expenses, (balance sheet)

spese pubblicitarie advertising expenses

spinta pubblicitaria advertising drive

spirale (f) dei salari e dei prezzi wage-price spiral

spogliazione (f) divestment

sponsor (m) sponsor, (of fund, partnership)

sporgenza (f) overhang

spostamento (m) dei beni movement of goods

stabilimento (m) di consegna approvato approved delivery facility

stabilire contatti capillari network (v)

stabilire il prezzo price (v)

stagflazione (f) stagflation

stagionale seasonal

stallie (f) laydays

stampato (m) printout

stampe (f) printed matter

standardizzazione (f) standardization

stanza (f) di compensazione clearinghouse

stanziamento (m) appropriation

stanziamento (m) del preventivo budget appropriation

statistiche (f) statistics

statuto (m) statute

stazza (f) tonnage

stessa paga (f) per lo stesso lavoro equal pay for equal work

stima (f) appraisal, estimate, rough estimate

stima approssimativa guesstimate

stima da parte del factor factor rating

stima delle spese capitali capital expenditure appraisal

stima delle vendite sales estimate

stimare estimate (v)

stipendio (m) salary, wage, wages

stipendio netto take-home pay

stivaggio (m) stowage

straniero (m) nonresident

strategia (f) commerciale business strategy

strategia concorrenziale competitive strategy

strategia d'investimento investment strategy

strategia di marketing marketing plan

strumento (m) instrument

struttura aziendale corporate structure

struttura finanziaria capital structure

struttura salariale wage structure

studio (m) del rapporto tra tempo e movimento time and motion study

studio motivazionale motivation study

studio pubblicitario advertising research

studio sulla profittabilità profitability analysis

su costo on cost

su richiesta on demand

su rimessa on consignment

subaffitto (m) sublet

subappaltare subcontract (v)

subappaltatore (m) subcontractor

succitato (m) above-mentioned

sul retro on the back

summenzionato (m) above-mentioned

supervisore (m) supervisor

sussidio (m) subsidy

svalutare write down (v)

svalutazione (f) devaluation

svantaggio (m) drawback, handicap
sviluppo (m) del prodotto product development
sviluppo di nuovi prodotti new product development
svolta (f) positiva upturn

T

tabella (f) timetable
tagli (m) dei prezzi price cutting
tangente (f) kickback
tariffa (f) tariff
tariffa combinata combination duty
tariffa controvalente countervailing duty
tariffa d'esportazione export duty
tariffa d'importazione import tariff
tariffa di partecipazione participation fee
tariffa differenziale differential tariff
tariffa doganale customs duty
tariffa fissa standing charges
tariffa preferenziale preferred tariff
tariffa protettiva, tariffa "anti-dumping" anti-dumping duty
tassa (f) tax
tassa sul consumo excise tax
tassazione (f) taxation
tassazione multipla multiple taxation
tasse differite deferred tax
tasse maturate accrued taxes
tasso (m) rate
tasso bancario bank rate
tasso centrale central rate
tasso d'adesione accession rate
tasso d'incremento rate of increase
tasso d'interesse interest rate
tasso dell'onere burden rate
tasso di base base rate
tasso di cambio exchange rate

tasso di cambio multiplo   multiple exchange rate

tasso di cambio variabile   floating exchange rate

tasso di crescita   rate of growth

tasso di interesse per rimborsabile a brevissima scadenza   call rate

tasso di rendimento   rate of return

tasso di rimunerazione   rate of return

tasso di risconto   rediscount rate

tasso di scambio fisso   fixed rate of exchange

tasso di sconto   discount rate

tasso fluttuante   floating rate

tasso offerto   offered rate

tasso rettificato   adjusted rate

tasso variabile   floating rate, variable rate

tavola (f) elettronica per comandi   electronic whiteboard

tecnica (f) di Monte Carlo   Monte Carlo technique

tele-elaborazione (f)   teleprocessing

telecomunicazioni (f)   telecommunications

tempo (m) di giacenza   lay time

tempo libero   free time

tempo presenziato   attended time

tempo reale   real time

tendenza (f)   trend

tendenze del mercato   market trends

tenere al corrente   keep posted (v)

tenore (m) di vita   standard of living

tentativi (m) di influenzare atti governativi con pressioni varie   lobbying

teoria (f) d'azione relativa agli investimenti   portfolio theory

terminale (m)   terminal

terminale del computer   computer terminal

terminale dell'elaboratore   computer terminal

terminare   terminate (v)

termine (m) fisso   fixed term

termine futuro   forward forward

termini del credito   credit terms

termini di ormeggio   berth terms

termini lineari   linear terms

terra (f)   land

territorio (m)   territory

territorio di vendita   sales territory

terza (f) finestra   third window

terzo sbocco   third window

tesoriere (m)   treasurer

testamentario (m)   executor

testamento (m)   will

testimone (m)   witness

testo (m)   (text) copy

testo scritto senza particolare interesse   boiler-plate

titoli (m) di sicura affidabilità   securities

titoli di sicura affidabilità che possono essere posti sul mercato   marketable securities

titoli governativi   gilt, (Brit. govt. security)

titoli mobiliari   marketable securities, securities

titoli mobiliari approvati   approved securities

titoli mobiliari esteri   foreign securities

titoli mobiliari negoziabili   negotiable securities

titoli mobiliari prestati a un broker   loan stock

titoli obbligazionari dati in garanzia   backup bonds

titoli scontati   discount securities

titolo (m)   stock, title

titolo a garanzia secondaria   junior security

titolo al portatore   bearer security

titolo di mobiliare a reddito fisso   fixed income security

titolo nominativo   registered security

togliere   take out (v)

tonnellata (f) metrica   long ton

torto (m)   tort

traduttore (m)   translator

traente (m)   drawer

tramite (f) polizza di carico   through bill of lading

tranche (f)   tranche

transazione (f) transaction
trasferimento (m) transfer
trasferimento via cavo wire transfer
trasferta (f) transfer
trasformare process (v)
trasgressione (f) nonfeasance
trasporto (m) drayage, transportation
trasporto di containers con camion piggyback service
trasporto di containers su navi fishy-back service, (container)
trasporto ferroviario rail shipment
trasporto prepagato freight prepaid
trasporto via aerea air freight
tratta (f) draft
tratta a vista sight draft
tratta bancaria bank draft
trattare negotiate (v)
trattario (m) drawee
trattativa (f) complessiva package deal
trattato (m) treaty
tubazioni (f) pipage
turno (m) (labor) shift
tutto o niente all or none

U

ufficio (m) office
ufficio commerciale trade commission
ufficio di credito credit bureau
ultima partita consegnata-prima partita ad uscire last in-first out
ultimo pagamento (m) rateale per un importo notevolmente più alto dei precedenti balloon (payment)
unione (f) creditizia credit union
unione doganale customs union
unità (f) centrale per l'elaborazione dei dati central processing unit, (computers)

usanze (f) locali   local customs
user friendly   user-friendly
usura (f)   wear and tear
usuria (f)   usury
utensili (m)   tools
utile (m)   profit
utile dalle azioni   stock profit
utile del prodotto   product profitability
utile lordo   gross profit
utili attivi   active assets
utili di capitale/la perdita di capitale   capital gain/loss
utili diretti   operating profit
utili per azione   earnings per share
utili ritenuti   retained earnings
utili su carta   paper profit
utili sugli attivi   earnings on assets
utilità (f)   utility

V

vaglia (m) bancario   bank money order
vaglia postale   money order
validare   validate (v)
valido   valid
valore (m)   stock, value
valore al pari   par value
valore attuale netto   net present value
valore daziabile   value for duty
valore delle attività   asset value
valore di mercato   fair market value, market value
valore di recupero   salvage value
valore dichiarato   face value
valore effettivo a pronti   actual cash value
valore effettivo della ditta   going-concern value
valore in contanti alla resa   cash surrender value
valore intrinseco   intrinsic value
valore liquidato   liquidation value

valore mediano   median
valore mobiliare   issue (stock)
valore netto   net worth
valore netto degli attivi   net asset value
valore registrato   book value
valore registrato per azione   book value per share
valore riportato   face, value
valuta (f)   currency
valuta bloccata   blocked currency
valuta debole   soft currency
valuta di base   base currency
valuta estera   foreign currency
valuta legale   legal tender
valuta pregiata   hard currency
valutare   assess (v)
valutazione (f)   appraisal, assessment, evaluation
valutazione degli investimenti   investment, appraisal
valutazione del credito   credit rating
valutazione del lavoro   job evaluation
valutazione del mercato   market rating
valutazione del rischio   risk assessment
valutazione dell'adempimento del lavoro   job performance rating
valutazione dell'investimento   investment appraisal
valutazione dell'obbligazione   bond rating
valutazione di mercato   market appraisal
valutazione finanziaria   financial appraisal
valutazione imponibile   assessed valuation
valutazione lineare   linear estimation
vantaggio (m) competitivo   competitive advantage
variabilità (f) amministrata o controllata   managed float
variazione (f)   spread, variance
varie   miscellaneous
velocità (f) della circolazione monetaria   velocity of money
vendere   market (v), sell (v)
vendere diretta   sell direct (v)

vendere più di quanto si abbia   oversell (v)
vendere sotto il prezzo del concorrente   undercut (v)
vendita (f)   divestment, sale
vendita aggressiva   hard sell
vendita allo scoperto   short sale
vendita diretta   direct selling
vendita e il riaffitto   sale and leaseback
vendita negoziata   negotiated sale
vendita non aggressiva   soft sell
vendita per la realizzazione di profitti   profit taking
vendita piramidale   pyramid selling
vendita pubblica   public sale
vendite (f)   sales
vendite aggiunte   add-on sales
vendite lorde   gross sales
vendite nette   net sales
vendite potenziali   potential sales
vendite previste   sales estimate
venditore (m)   vendor
venire incontro al prezzo   meet the price (v)
venire meno agli obblighi   default (v)
verifica (f) della perdita   proof of loss
verificare   audit (v)
veto (m)   veto
vettore (m)   common carrier
vettore contrattuale   contract carrier
vice amministratore/trice (m/f)   deputy manager
vice direttore/trice (m/f)   assistant manager
vice direttore generale   assistant general manager
vice dirigente (m/f)   deputy manager
vice-presidente/essa (m/f)   vice-president
visita (f) di vendita senza preavviso   cold call
vita (f) economica   economic life
vita media   average life
vitalizio (m)   annuitant
voce (f)   item
voce tariffaria   tariff commodity
volume (m)   volume

volume delle vendite   sales volume

**volume di vendite al quale c'è equilibrio tra ricavi e
   costi**   break-even point

volume effettivo di mercato   actual market volume

W

word processor (m)   word processor

Z

zecca (f)   mint

zona (f)   zone

zona franca   free trade zone

KEY WORDS FOR KEY INDUSTRIES

The dictionary that forms the centerpiece of *Talking Business in Italian* is a compendium of some 3000 words that you are likely to use or encounter as you do business abroad. It will greatly facilitate fact-finding about the business possibilities that interest you, and will help guide you through negotiations as well as reading documents. To supplement the dictionary, we have added a special feature—groupings of key terms about ten industries. As you explore any of these industries, you'll want to have *Talking Business* at your fingertips to help make sure you don't misunderstand or overlook an aspect that could have a material effect on the outcome of your business decision. The industries covered in the vocabulary lists are the following:

- *chemicals*
- *chinaware and tableware*
- *electronics*
- *fashion*
- *iron and steel*
- *leather goods*
- *motor vehicles*
- *pharmaceuticals*
- *printing and publishing*
- *winemaking*

Chemicals — English to Italian

acetate l'acetato
acetic acid l'acido acetico
acetone l'acetone
acid l'acido
amine l'amina
ammonia l'ammoniaca
analysis l'analisi
atom l'atomo
atomic atomica
base la base
benzene il benzolo
biochemistry la biochimica
biology la biologia
carbon il carbonio
catalyst la catalisi
chemistry la chimica
chloride il cloruro
chloroform il cloroformio
composition la composizione
compound il composto
concentration la concentrazione
cracking la piroscissione
crystallization la cristalizzazione
degree il grado
density la densità
distillation la distillazione
electrolysis l'elettrolisi
electron l'elettrone
element l'elemento
engineer l'ingegnere
enzyme l'enzima
ethane l'etano
ether l'etere
evaporation l'evaporazione
experiment l'esperimento, la prova
formula la formula
gas chromatography la gascromatografia
gram il grammo
homogeneity l'omogeneità
hydrocarbon l'idrocarbonio
hydrochloric acid l'acido cloridico
hydrolysis l'idrolisi

impurity l'impurezza
inorganic chemistry la chimica inorganica
isotope l'isotopo
laboratory il laboratorio
methane il metano
molar il molare
mole il grammo molecola
molecule la molecola
natural gas il gas naturale
neutral neutro
neutralization la neutralizzazione
neutron il neutrone
nitrate il nitrato
nitric acid acido nitrico
nitrite il nitrito
oxidation l'ossidazione
oxygen l'ossigeno
petroleum il petrolio
phosphate il fosfato
polymer il polimero
product il prodotto
proton il protone
purification la purificazione
reagent il reagente, il reattivo
reduction la riduzione
refine (v) raffinare
refinery la raffineria
research la ricerca
salt il sale
saponification la saponificazione
solubility la solubilità
solute il soluto
solution la soluzione
solvent il solvente
spectrophotometry la spettrofotometria
spectrum lo spettro
sulfate il solfato
sulfuric acid l'acido solforico
titration la titolazione
viscosity la viscosità
yield la resa
yield (v) rendere

Chemicals — Italian to English

acetato (m) acetate
acetone (m) acetone
acido (m) acid
acido acetico acetic acid
acido cloridico hydrochloric acid
acido nitrico nitric acid
acido solforico sulfuric acid
amina (f) amine
ammoniaca (f) ammonia
analisi (f) analysis
atomica atomic
atomo (m) atom
base (f) base
benzolo (f) benzene
biochimica (f) biochemistry
biologia (f) biology
carbonio (m) carbon
catalisi (f) catalyst
chimica (f) chemistry
chimica inorganica inorganic chemistry
cloroformio (m) chloroform
cloruro (m) chloride
composizione (f) composition
composto (m) compound
concentrazione (f) concentration
cristallizzazione (f) crystallization
densità (f) density
distillazione (f) distillation
elemento (m) element
elettrolisi (f) electrolysis
elettrone (m) electron
enzima (m) enzyme
esperimento (m) experiment
etano (m) ethane
etere (m) ether
evaporazione (f) evaporation
formula (f) formula
fosfato (m) phosphate
gas (m) naturale natural gas
gascromatografia (f) gas chromatography
grado (m) degree

grammo (m) gram
grammo molecola mole
idrocarbonio (m) hydrocarbon
idrolisi (f) hydrolysis
impurezza (f) impurity
ingegnere (m) engineer
isotopo (m) isotope
laboratorio (m) laboratory
metano (m) methane
molare (m) molar
molecola (f) molecule
neutralizzazione (f) neutralization
neutro neutral
neutrone (m) neutron
nitrato (m) nitrate
nitrito (m) nitrite
omogeneità (f) homogeneity
ossidazione (f) oxidation
ossigeno (m) oxygen
petrolio (m) petroleum
piroscissione (f) cracking
polimero (m) polymer
prodotto (m) product
protone (m) proton
prova (f) experiment
purificazione (f) purification
raffinare refine (v)
raffineria (f) refinery
reagente (m) reagent
reattivo (m) reagent
rendere yield (v)
resa (f) yield
ricerca (f) research
riduzione (f) reduction
sale (m) salt
saponificazione (f) saponification
solfato (m) sulfate
solubilità (f) solubility
soluto (m) solute
soluzione (f) solution
solvente (m) solvent
spettro (m) spectrum
spettrofotometria (f) spectrophotometry
titolazione (f) titration
viscosità (f) viscosity

Chinaware and Tableware— English to Italian

bone china la porcellana "bone"

bowl la scodella

breadbasket il cestino per il pane

butter dish il piattino per il burro

candlestick il candeliere

carving knife il trinciante

champagne glass il flute, la coppa per lo spumante

cheese tray il vassoio per formaggi

china la porcellana fine

coffeepot la caffettiera

crystal glass il vetro di cristallo

cup la tazza

cutlery la posateria

decanter la caraffa

dessert plate il piatto per dolci

dish il piatto

earthenware la terraglia

espresso cup la tazzina da espresso

flute il flute

fork la forchetta

glass il bicchiere

gravy boat la salsiera

hand-painted dipinto a mano

hand-blown glass il bicchiere soffiato a bocca

hand-embroidered napkins i tovaglioli ricamati a mano

knife il coltello

lace il merletto

linen la biancheria da tavola

napkin il tovagliolo

napkin ring l'anello per tovagliolo

oilcloth la tela cerata

pastry server la paletta

pepper mill il macinapepe

pepper shaker il porta pepe

pitcher la caraffa, la brocca

place setting il coperto

plate il piatto

pottery le stoviglie

salad plate il piatto per l'insalata

salt shaker la saliera

saucer il piattino

silverware l'argenteria

soup dish la zuppiera

spoon il cucchiaio

stainless steel l'acciaio inossidabile

stoneware il grès

sugar bowl la zuccheriera

tablecloth la tovaglia

tablespoon il cucchiaio

teapot la teiera

teaspoon il cucchiaino da tè

thread il filo

tureen la terrina

unbleached linen il lino grezzo

Major Chinaware Regions

Toscana (Tuscany)
Umbria
Veneto

Chinaware and Tableware—
Italian to English

acciaio (m) inossidabile stainless steel

anello (m) per tovagliolo napkin ring

argenteria (m) silverware

biancheria (f) da tavola linen

bicchiere (m) glass

bicchiere soffiato a bocca hand-blown glass

brocca (f) pitcher

caffettiera (f) coffeepot

candeliere (m) candlestick

caraffa (f) decanter, pitcher

cestino (m) per il pane breadbasket

coltello (m) knife

coperto (m) place setting

coppa (f) per lo spumante champagne glass

cucchiaino (m) da tè teaspoon

cucchiaio (m) spoon

dipinto a mano hand-painted

filo (m) thread

flute (m) champagne glass, flute

forchetta (f) fork

grès (m) stoneware

lino (m) grezzo unbleached linen

macinapepe (m) pepper mill

merletto (m) lace

paletta (f) pastry server

piattino (m) saucer

piattino per il burro butter dish

piatto (m) dish, plate

piatto per dolci dessert plate

piatto per insalata salad plate

porcellana (f) "bone" bone china

porcellana fine china

porta (m) pepe pepper shaker

posateria (f) cutlery

saliera (f) salt shaker

salsiera (f) gravy boat

scodella (f) bowl

stoviglie (f) pottery

tazza (f) cup

tazzina (f) da espresso espresso cup

teiera (f) teapot

tela cerata (f) oilcloth

terraglia (f) earthenware

terrina (f) tureen

tovaglia (f) tablecloth

tovaglioli (m) ricamati a mano hand-embroidered napkins

tovagliolo (m) napkin

trinciante (m) carving knife

vassoio (m) per formaggi cheese tray

vetro (m) di cristallo crystal glass

zuccheriera (f) sugar bowl

zuppiera (f) soup dish

Electronics — English to Italian

alternating current la corrente alternata
ampere l'ampere
amplifier l'amplificatore
amplitude modulation (AM) la modulazione di ampiezza
antenna l'antenna
beam il fascio
binary code il codice binario
broadcast (v) trasmettere
cable television la filodiffusione
camera la telecamera
cassette la cassetta
cathode il catodo
channel il canale
circuit il circuito
coaxial cable il cavo coassiale
computer l'elaboratore elettronico, il "computer"
condenser il condensatore
conductor il conduttore
current la corrente
detector la valvola rivelatrice
digital digitale
diode il diodo
electricity l'elettricità
electrode l'elettrodo
electron l'elettrone
electronic elettronico
electrostatic elettrostatico
fiber optic la fibra ottica
filament il filamento
filter il filtro
frequency la frequenza
frequency modulation (FM) la modulazione di frequenza
generator il generatore
germanium il germanio
high fidelity l'alta fedeltà
induction l'induzione
insulator l'isolante
integrated circuit il circuito integrato
kilowatt il kilowatt
laser il laser

microphone il microfono
microwave la microonda
mixer il miscelatore
motor il motore
negative il negativo
ohm l'ohm
optic ottico
oscillator l'oscillatore
panel il pannello
parallel circuit il circuito in parallelo
pole il polo
positive il positivo
power la potenza, il rendimento
printed circuit il circuito stampato
program il programma
radar il radar
radio la radio
receiver il ricevitore
record il disco
record (v) incidere
resistance la resistenza
resonance la risonanza
scanning la scansione, l'esplorazione
screen lo schermo
semiconductor il semiconduttore
short wave le onde corte
silicon il silicone
sound il suono
speaker l'altoparlante
stereophonic stereofonico
switch l'interruttore
tape il nastro
telecommunications le telecomunicazioni
tube il tubo
tune (v) captare
vacuum il vuoto
vector il vettore
videocassette recorder (VCR) il videoregistratore
volt il volt
voltage il voltaggio
watt il watt
wave l'onda
wire il filo

Electronics—Italian to English

alta fedeltà (f) high fidelity
altoparlante (m) speaker
ampere (m) ampere
amplificatore (m) amplifier
antenna (f) antenna
canale (m) channel
captare tune (v)
cassetta (f) cassette
catodo (m) cathode
cavo (m) coassiale coaxial cable
circuito (m) circuit
circuito in parallelo parallel circuit
circuito integrato integrated circuit
circuito stampato printed circuit
codice (m) binario binary code
condensatore (m) condenser
conduttore (m) conductor
corrente (f) current
corrente alternata alternating current
digitale digital
diodo (m) diode
disco (m) record
elaboratore (m) elettronico computer
elettricità (f) electricity
elettrodo (m) electrode
elettrone (m) electron
elettronico electronic
elettrostatico electrostatic
esplorazione (f) scanning
fascio (m) beam
fibra ottica (f) fiber optic
filamento (m) filament
filo (m) wire
filodiffusione (f) cable television
filtro (m) filter
frequenza (f) frequency
generatore (m) generator
germanio (m) germanium
incidere record (v)
induzione (f) induction
interruttore (m) switch
isolante (m) insulator
kilowatt (m) kilowatt

laser (m) laser
microfono (m) microphone
microonda (f) microwave
miscelatore (m) mixer
modulazione (f) di ampiezza amplitude modulation (AM)
modulazione di frequenza frequency modulation (FM)
motore (m) motor
nastro (m) tape
negativo (m) negative
ohm (m) ohm
onda (f) wave
onde corte short wave
oscillatore (m) oscillator
ottico optic
pannello (m) panel
polo (m) pole
positivo (m) positive
potenza (f) power
programma (m) program
radar (m) radar
radio (f) radio
rendimento (m) power
resistenza (f) resistance
ricevitore (m) receiver
risonanza (f) resonance
scansione (f) scanning
schermo (m) screen
semiconduttore (m) semiconductor
silicone (m) silicon
stereofonico stereophonic
suono (m) sound
telecamera (f) camera
telecomunicazioni (f) telecommunications
trasmettere broadcast (v)
tubo (m) tube
valvola (f) rivelatrice detector
vettore (m) vector
videoregistratore (m) videocassette recorder (VCR)
volt (m) volt
voltaggio (m) voltage
vuoto (m) vacuum
watt (m) watt

Fashion — English to Italian

angora l'angora
blazer la giacca sportiva, il "blazer"
batiste la batista
belt la cintura
blouse la camicetta
bow tie la cravatta a farfalla
button il bottone
buttonhole l'occhiello, l'asola
cape il mantello
cashmere il cachemire
coat il cappotto
collar il colletto
color il colore
cuff link il gemello da camicia
cut (v) tagliare
design (v) disegnare
designer lo stilista, il "designer"
drape (v) drappeggiare
dress il vestito
elegance l'eleganza
fabric il tessuto
fashion la moda
fashionable alla moda
flannel la flanella
gabardine la gabardina
hem l'orlo
hood il cappuccio
jewel la gioiello
length la lunghezza
lingerie l'abbigliamento intimo
lining la foderatura
long sleeves le maniche lunghe
model il modello, il capo, la modella
muslin la mussola
needle l'ago
out of style fuori moda
pattern il modello
pleat la piega
pleated pieghettato
polyester il poliestirolo
poplin il popeline
print lo stampato

raincoat l'impermeabile
rayon il raion, la seta artificiale
ready-to-wear moda confezionata
scarf la sciarpa, il foulard
sew (v) cucire
sewing machine la macchina da cucire
shirt la camicia
shoe la scarpa
short sleeves le maniche corte
silk la seta
silkworm il baco di seta
silk factory il setificio
size il numero, la taglia
skirt la gonna
sleeve la manica
slacks i pantaloni, i calzoni
socks i calzini
sportswear l'abbigliamento sportivo
stitch il punto
stockings le calze
style lo stile
stylist lo stilista
suede lo scamosciato
suit l'abito
sweater il maglione
synthetic sintetico, artificiale
taffeta il taffetà
tailor il sarto
thread il filo
tie la cravatta
trousers i calzoni, i pantaloni
tuxedo l'abito da sera, lo smoking
veil il velo
vest il gilet
waist la vite
weaver il tessitore
width la larghezza, l'ampiezza
wool la lana
yarn il filato
zipper la cerniera lampo

Fashion—Italian to English

abbigliamento (m) intimo lingerie

abbigliamento sportivo sportswear

abito (m) suit

abito da sera tuxedo

ago (m) needle

alla moda fashionable

ampiezza (f) width

artificiale synthetic

asola (f) buttonhole

baco (m) di seta silkworm

batista (f) batiste

bottone (m) button

cachemire (m) cashmere

calze (f) stockings

calzini (m) socks

calzoni (m) slacks, trousers

camicetta (f) blouse

camicia (f) shirt

capo (m) model

cappotto (m) coat

cappuccio (m) hood

cerniera (f) lampo zipper

cintura (f) belt

colletto (m) collar

colore (m) color

cravatta (f) tie

cravatta a farfalla bow tie

cucire sew (v)

disegnare design (v)

drappeggiare drape (v)

eleganza (f) elegance

filato (m) yarn

filo (m) thread

flanella (f) flannel

foderatura (f) lining

foulard (m) scarf

fuori moda out of style

gabardina (f) gabardine

gemello (m) da camicia cuff link

giacca (f) sportiva blazer

gilet (m) vest

gioiello (f) jewel

gonna (f) skirt

impermeabile (m) raincoat

lana (f) wool

lana d'angora angora

larghezza (f) width

lunghezza (f) length

macchina (f) da cucire sewing machine

maglione (m) sweater

manica (f) sleeve

maniche (f) corte short sleeves

maniche lunghe long sleeves

mantello (m) cape

moda (f) fashion

moda confezionata ready-to-wear

modello/a (m/f) model, pattern

mussola (f) muslin

numero (m) size

occhiello (m) buttonhole

orlo (m) hem

pantaloni (m) slacks, trousers

piega (f) pleat

pieghettato pleated

poliestirolo (m) polyester

popeline (m) poplin

punto (m) stitch

raion (m) rayon

sarto (m) tailor

scamosciato (m) suede

scarpa (f) shoe

sciarpa (f) scarf

seta (f) silk

seta artificiale rayon

setificio (m) silk factory

sintetico synthetic

smoking (m) tuxedo

stampato (m) print

stile (m) style

stilista (m) designer, stylist

taffetà (m) taffeta

taglia (f) size

tagliare cut (v)

tessitore (m) weaver

tessuto (m) fabric

velo (m) veil

vestito (m) dress

vite (f) waist

Iron And Steel—English to Italian

alloy steel la lega d'acciaio
aluminum l'alluminio
annealing la ricottura
bars le barre
billets le billette
blast furnace l'altoforno
carbon steel l'acciaio al carbonio
cast iron il ferro fuso, la ghisa di seconda fusione
chromium il cromo
coal il carbone
coil la serpentina, la bobina
coke il coke
cold rolling la laminatura a freddo
conveyor il trasportatore
conveyor belt il trasportatore a cinghia
copper il rame
crucible il crogiuolo
cupola la cupola
electric arc furnace l'altoforno ad arco elettrico
electrodes gli elettrodi
electrolytic process la procedura elettrolitica
ferrite la ferrite
ferroalloys le leghe di ferro
ferromanganese il ferromanganese
ferronickel il ferronichel
finished products i prodotti finiti
finishing mill il laminatoio finitore
flat products i prodotti piatti
foundry la fonderia
furnace la fornace
galvanizing la galvanizzazione, la zincatura
grinding la molatura
heat il calore
hot rolling la laminatura a caldo

induction furnace il forno ad induzione
ingot mold la lingottiera
ingots i lingotti
iron ore il minerale ferroso
limestone il calce
malleability la malleabilità, la duttilità
manganese ore il minerale manganese
molybdenum il molibdeno
nickel il nichelio
nitrogen il nitrogeno
ore il minerale
pickling il decapaggio
pig iron la ghisa, la ghisa di prima fusione
pipes and tubes le condotte e i tubi
plate la lamiera, la piastra
powder la polvere
pressure la pressione
process la procedura
refractories i refrattari
rod l'asta, il ferro tondo
rolling mill il laminatoio
scale la scaglia, l'incrostatura
scrap i rottami
sheets le lastre
slabs le sbarre
specialty steels gli acciai con lavorazione particolare
stainless steel l'acciaio inossidabile
steel mill l'acciaieria
super alloys la superleghe
temper il rinvenimento
titanium il titanio
toughness la durezza
tungsten il tungstenio
vacuum melting furnace fornace per la colatura sotto vuoto
vanadium il vanadio
wire il filo metallico

Iron and Steel—Italian to English

acciai (m) con lavorazione particolare specialty steels
acciaieria (f) steel mill
acciaio (m) al carbonio carbon steel
acciaio inossidabile stainless steel
alluminio (m) aluminum
altoforno (m) blast furnace
altoforno ad arco elettrico electric arc furnace
asta (f) rod
barre (f) bars
billette (f) billets
bobina (f) coil
calce (m) limestone
calore (m) heat
carbone (m) coal
coke (m) coke
condotte (f) e tubi (m) pipes and tubes
crogiuolo (m) crucible
cromo (m) chromium
cupola (f) cupola
decapaggio (m) pickling
durezza (f) toughness
duttilità (f) malleability
elettrodi (m) electrodes
ferrite (f) ferrite
ferro (m) fuso cast iron
ferro tondo rod
ferromanganese (m) ferromanganese
ferronichel ferronickel
filo (m) metallico wire
fonderia (f) foundry
fornace (f) furnace
fornace per la colatura sotto vuoto vacuum melting furnace
forno (m) ad induzione induction furnace
galvanizzazione (f) galvanizing
ghisa (f) pig iron
ghisa di prima fusione pig iron
ghisa di seconda fusione cast iron
incrostatura (f) scale

lamiera (f) plate
laminatoio (m) rolling mill
laminatoio finitore finishing mill
laminatura a caldo (f) hot rolling
laminatura a freddo cold rolling
lastre (f) sheets
lega d'acciaio (f) alloy steel
leghe (f) di ferro ferroalloys
lingotti (m) ingots
lingottiera (f) ingot mold
malleabilità (f) malleability
minerale (m) ore
minerale ferroso iron ore
minerale manganese manganese ore
molatura (f) grinding
molibdeno (m) molybdenum
nichelio (m) nickel
nitrogeno (m) nitrogen
piastra (f) plate
polvere (f) powder
pressione (f) pressure
procedura (f) process
procedura elettrolitica electrolytic process
prodotti (m) finiti finished products
prodotti piatti flat products
rame (m) copper
refrattari (m) refractories
ricottura (f) annealing
rinvenimento (m) temper
rottami (m) scrap
sbarre (f) slabs
scaglia (f) scale
serpentina (f) coil
superleghe (f) super alloys
titanio (m) titanium
trasportatore (m) conveyor
trasportatore a cinghia conveyor belt
tungstenio (m) tungsten
vanadio (m) vanadium
zincatura (f) galvanizing

Leather Goods — English to Italian

ankle boots gli stivaletti
astrakan l'astrakan
attaché case la cartella
beaver il castoro
belt la cintura
billfold il portafogli
blotter il tampone di carta assorbente
boot shop la stivaleria
bootmaker lo stivalaio
boots gli stivali
briefcase la borsa documenti
calfskin il vitello
card case il portabiglietti
cigarette case il porta-sigarette
cowhide il cuoio
coyote il coyote
dye (v) tingere
eyeglass case il porta-occhiali
fitch la puzzola
fox la volpe
garment bag il portabiti
gloves i guanti
handbag la borsetta
holster la fondina
key case il portachiavi
kidskin il capretto
lamb l'agnello
leather la pelle
leather goods la pelletteria
leather jacket giubbotto di pelle
lizard skin la pelle di lucertola
lynx il lince
makeup case il portatrucco
manicuring kit il completo per la manicure
marmot la marmotta
mink il visone
Moroccan leather il marocchino
nutria il castorino
opossum l'opossum

ostrich skin la pelle di struzzo
otter la lontra
paper holder il portacarta
passport case il porta-passaporto
pigskin la pelle di cinghiale
pocketbook la borsetta
portfolio la cartella
purse la borsa
rabbit il coniglio
raccoon il procione lavoratore
sable lo zibellino
saddle la sella
saddler il sellaio
scissor case il porta forbici
sealskin la pelle di foca
slippers le pantofole
snakeskin la pelle di serpente
suede la pelle scamosciata
suede jacket il giubbotto di renna
suitcase la valigia
tan (v) conciare
tanner il conciatore
tannery la concia
tannin il tannino
trunk il baule
wallet il portafogli
watch strap il cinturino per orologio
whip la frusta

Leather Goods — Italian to English

agnello (m) lamb
astrakan (m) astrakan
baule (m) trunk
borsa (f) purse
borsa documenti briefcase
borsetta (f) handbag,
  pocketbook
capretto (m) kidskin
cartella (f) attaché case,
  portfolio
castorino (m) nutria
castoro (m) beaver
cintura (f) belt
cinturino (m) per orologio
  watch strap
**completo (m) per la
  manicure** manicuring kit
concia (f) tannery
conciare tan (v)
conciatore (m) tanner
coniglio (m) rabbit
coyote (m) coyote
cuoio (m) cowhide
fondina (f) holster
frusta (f) whip
giubbotto (m) di pelle
  leather jacket
giubbotto di renna suede
  jacket
guanti (m) gloves
lince (m) lynx
lontra (f) otter
marmotta (f) marmot
marocchino (m) Moroccan
  leather
opossum (m) opossum
pantofole (f) slippers
pelle (f) leather
pelle di cinghiale pigskin
pelle di foca sealskin
pelle di lucertola lizard
  skin
pelle di serpente snakeskin
pelle di struzzo ostrich skin
pelle scamosciata suede
pelletteria (f) leather goods
portabiti (m) garment bag

portabiglietti (m) card case
portacarta (m) paper holder
portachiavi (m) key case
portaforbici (m) scissor case
portaocchiali (m) eyeglass
  case
portapassaporto (m) passport case
portasigarette (m) cigarette case
portatrucco (m) makeup
  case
portafogli (m) billfold,
  wallet
procione (m) lavoratore
  raccoon
puzzola (f) fitch
sella (f) saddle
sellaio (m) saddler
stivalaio (m) bootmaker
stivaleria (f) boot shop
stivaletti (m) ankle boots
stivali (m) boots
**tampone (m) di carta
  assorbente (m)** blotter
tannino (m) tannin
tingere dye (v)
valigia (f) suitcase
visone (m) mink
vitello (m) calfskin
volpe (f) fox
zibellino (m) sable

Motor Vehicles — English to Italian

air filter il filtro dell'aria
alternator l'alternatore
assembly line la linea di montaggio
automatic gearshift il cambio automatico
automobile l'automobile
automotive worker l'operaio
battery la batteria
belt la cinghia
body il telaio
brake il freno
bumper il paraurti
camshaft l'albero di distribuzione a camme
car la macchina
carburetor il carburatore
chassis la carrozzeria
clutch la frizione
connecting rod la biella
crankshaft l'albero a gomito
cylinder il cilindro
dashboard il cruscotto
defroster lo sbrinatore
designer lo stilista
diesel il diesel
disc il disco
displacement la cilindrata
distributor il distributore
driver l'autista
engine il motore
engineer l'ingegnere
exhaust lo scarico, lo scappamento
fender il parafango
front-wheel drive la trazione anteriore
gas consumption il consumo di benzina
gas pedal l'acceleratore
gasoline la benzina
gasoline tank il serbatoio della benzina
gearshift il cambio
generator il generatore
grille la cuffia del radiatore
horsepower la potenza in cavalli

ignition l'accensione
injector l'iniettore
inspection l'ispezione
mechanic il meccanico
mileage il chilometraggio
model il modello
odometer il contachilometri
oil filter il filtro dell'olio
oil pump la pompa dell'olio
paint la vernice
pinion il pignone, il rocchetto
piston il pistone
power steering il servosterzo
propulsion la propulsione
prototype il prototipo
radial tire il pneumatico radiale
rear axle l'asse posteriore
ring l'anello
robot il robot
seat il sedile
seatbelt la cintura di sicurezza
sedan la berlina
shock absorber gli ammortizzanti
spare tire la ruota di scorta
spark plug la candela
speedometer l'indicatore di velocità
spring la molla
starter il motorino d'avviamento
steering la guida
steering wheel lo sterzo, il volante
suspension la sospensione
tire il pneumatico
torque la forza di torsione
valve la valvola
water pump la pompa dell'acqua
wheel la ruota
windshield il parabrezza

Motor Vehicles—Italian to English

acceleratore (m) gas pedal

accensione (f) ignition

filtro dell'aria (m) air filter

albero (m) a gomito crankshaft

albero di distribuzione a camme camshaft

alternatore (m) alternator

ammortizzatore (m) shock absorber

anello (m) ring

asse (m) posteriore rear axle

autista (m) driver

automobile (f) automobile

batteria (f) battery

benzina (f) gasoline

berlina (f) sedan

biella (f) connecting rod

cambio (m) gearshift

cambio automatico automatic gearshift

candela (f) spark plug

carburatore (m) carburetor

carrozzeria (f) chassis

chilometraggio (m) mileage

modello (m) model

cilindrata displacement

cilindro (m) cylinder

cinghia (f) belt

cintura (f) di sicurezza seatbelt

consumo (m) di benzina gas consumption

contachilometri (m) odometer

cruscotto (m) dashboard

cuffia (f) del radiatore grille

diesel (m) diesel

disco (m) disc

distributore (m) distributor

filtro (m) dell'olio oil filter

forza (f) di torsione torque

freno (m) brake

frizione (f) clutch

generatore (m) generator

guida (f) steering

indicatore (m) di velocità speedometer

ingegnere (m) engineer

iniettore (m) injector

ispezione (f) inspection

linea (f) di montaggio assembly line

macchina (f) car

meccanico (m) mechanic

molla (f) spring

motore (m) engine

motorino (m) d'avviamento starter

operaio/a (m/f) automotive worker

parabrezza (m) windshield

parafango (m) fender

paraurti (m) bumper

pignone (m) pinion

pistone (m) piston

pneumatico (m) tire

pneumatico radiale radial tire

pompa (f) dell'acqua water pump

pompa dell'olio oil pump

potenza (f) in cavalli horsepower

propulsione (f) propulsion

prototipo (m) prototype

robot (m) robot

rocchetto (m) pinion

ruota (f) wheel

ruota di scorta spare tire

sbrinatore (m) defroster

scappamento (m) exhaust

scarico (m) exhaust

sedile (m) seat

serbatoio (m) della benzina gasoline tank

servosterzo (m) power steering

sospensione (f) suspension

sterzo (m) steering wheel

stilista (m) designer

telaio (m) body

trazione (f) anteriore front-wheel drive

valvola (f) valve

vernice (f) paint

volante (m) steering wheel

Pharmaceuticals — English to Italian

alcohol l'alcool
allergy l'allergia
amphetamine l'anfetamina
anaesthetic l'anestetico
analgesic l'analgesico
antacid l'antacido
anti-inflammatory l'anti-flogistico
antibiotic l'antibiotico
anticoagulant l'anticoagulante
antidepressant l'antidepressivo
antiseptic l'asettico
aspirin l'aspirina
barbiturates i barbiturici
bleed (v) sanguinare
blood il sangue
botanic botanico
calcium il calcio
capsule la capsula
compounds i composti
content il contenuto
cortisone il cortisone
cough (v) tossire
cough drop la pastiglia per la tosse
cough syrup lo sciroppo per la tosse
crude grezzo
density la densità
diabetes il diabete
digitalis il digitalis
disease la malattia
diuretic il diuretico
dose la dose
drop la goccia
drug il farmaco, la droga
drugstore la farmacia
eyedrop il collirio
hexachlorophene l'esacloro-fene
hormone l'ormone
hypertension l'ipertensione
injection l'iniezione, la puntura
insulin l'insulina
iodine lo iodio

iron il ferro
laboratory technician il tecnico del laboratorio
laxative il lassativo, il pur-gante
medicine la medicina
morphine la morfina
narcotic il narcotico
nitrate il nitrato
nitrite il nitrite
ointment l'unguento
opium l'oppio
organic organico
pellet la pallottolina
penicillin la penicillina
pharmacist il farmacista
phenol il fenolo
physician il medico
pill la pillola
plants le piante
purgative il purgante
remedies i rimedi
saccharin la saccarina
salts i sali
salve l'unguento, la pomata
sedative il calmante
serum il siero
sinus la fistola
sinusitis la sinusite
sleeping pill il sonnifero
sneeze (v) starnutire
starch l'amido
stimulant lo stimolante
sulphamide il sulfamide
synthesis la sintesi
syringe la siringa
tablet la compressa, la pastiglia
thermometer il termometro
toxicology la tossicologia
toxin la tossina
tranquilizer il tranquil-lante
vaccine il vaccino
vitamin la vitamina
zinc lo zinco

Pharmaceuticals — Italian to English

alcool (m) alcohol
allergia (f) allergy
anfetamina (m) amphetamine
amido (m) starch
analgesico (m) analgesic
anestetico (m) anaesthetic
antacido (m) antacid
antibiotico (m) antibiotic
anticoagulante (m) anticoagulant
antidepressivo (m) antidepressant
antiflogistico (m) anti-inflammatory
asettico (m) antiseptic
aspirina (f) aspirin
barbiturici (m) barbiturates
botanico botanic
calcio (m) calcium
calmante (m) sedative
capsula (f) capsule
collirio (m) eyedrop
composti (m) compounds
compressa (f) tablet
contenuto (m) content
cortisone (m) cortisone
cura (f) medication
densità (f) density
diabete (m) diabetes
digitalis (m) digitalis
diuretico (m) diuretic
dose (f) dose
droga (m) drug
esaclorofene (m/f) hexachlorophene
farmacia (f) drugstore
farmacista (m/f) pharmacist
farmaco (m) drug
fenolo (m) phenol
ferro (m) iron
fistola (f) sinus
goccia (f) drop
grezzo crude
iniezione (f) injection
insulina (f) insulin
iodio (m) iodine
ipertensione (f) hypertension

lassativo (m) laxative
malattia (f) disease
medicina (f) medicine
medico (m) physician
morfina (f) morphine
narcotico (m) narcotic
nitrato (m) nitrate
nitrite (f) nitrite
oppio (m/f) opium
organico organic
ormone (m) hormone
pallottolina (f) pellet
pastiglia (f) tablet
pastiglia per la tosse cough drop
penicillina penicillin
piante (f) plants
pillola (f) pill
pomata (f) salve
puntura (f) injection
purgante (m) laxative, purgative
rimedi (m) remedies
saccarina (f) saccharin
sali (m) salts
sangue (m) blood
sanguinare bleed (v)
sciroppo (m) per la tosse cough syrup
siero (m) serum
sintesi (f) synthesis
sinusite (f) sinusitis
siringa (f) syringe
sonnifero (m) sleeping pill
starnutire sneeze (v)
stimolante (m) stimulant
sulfamide (m) sulphamide
tecnico (m) del laboratorio laboratory technician
tossicologia (f) toxicology
tossina (f) toxin
tossire cough (v)
tranquillante (m) tranquilizer
unguento (m) salve, ointment
vaccino (m) vaccine
vitamina (f) vitamin
zinco (m) zinc

Printing and Publishing — English to Italian

black and white il bianco e nero

bleed la pagina al vivo, smarginato

blowup la gigantografia, l'ingrandimento

boldface il neretto

book il libro

capital il maiuscolo

chapter il capitolo

coated paper la carta patinata

color separation la separazione dei colori

copy il materiale scritto

copyright i diritti d'autore

cover la copertina

crop (v) rifilare

dummy il menabò

edit (v) redigere

edition il numero

editor il redattore

engrave (v) incidere

font la seriecompleta di caratteri

form la forma

format il formato

four colors quattro colori

galley proof la bozza in colonna

glossy lucido

grain la grana

grid la quadrettatura

hardcover la copertina a tela, la legatura cartonata

headline il titolo

illustration l'illustrazione

on press in stampa

inch il pollice

ink l'inchiostro

insert il volantino

introduction la premessa

italic il corsivo

jacket la copertina di libro, la sopraccoperta

justify (v) giustificare

layout la disposizione di una pagina

letterpress la parte stampata

line la linea

line drawing il disegno

lower case il minuscolo

matrix la matrice

matt non lucido, opaco

mechanical il montaggio

negative il negativo

newsprint la carta da giornale

overrun superare la giustezza

packing l'imballo

page la pagina

page makeup la composizione della pagina

pagination l'impaginazione

pamphlet l'opuscolo

paper la carta

paperback in brossura

pigment il colore, il pigmento

plate la lastra

point il punto tipografico

positive il positivo

preface la prefazione

press book l'ultima bozza

printing la stampatura

printing shop la tipografia

proofreading la correzione delle bozza

publisher l'editore

ream la risma

register il registro

scanner l'analizzatore di immagini, il "scanner"

scoring la raschiatura

screen il retino

sewn rilegato

sheet il foglio

signature la firma

size il formato

soft cover la copertina flessibile

spine il dorso

table of contents l'indice

title il titolo

web offset press la macchina da stampa offset a bobina

Printing and Publishing — Italian to English

analizzatore (m) di immagini scanner
bianco e nero (m) black and white
bozza (f) in colonna galley proof
capitolo chapter
carta (f) paper
carta da giornale newsprint
carta patinata coated paper
colore (m) pigment
composizione della pagina page makeup
copertina (f) cover
copertina a tela hardcover
copertina di libro jacket
copertina flessibile soft cover
copiare copy (v)
correzione (f) delle bozza proofreading
corsivo (m) italic
diritti (m) d'autore copyright
disegno (m) line drawing
disposizione (f) di una pagina layout
dorso (m) spine
editore/trice (m/f) publisher
foglio (m) sheet
forma (f) form
formato (m) size, format
gigantografia (f) blowup
giustificare justify (v)
grana (f) grain
illustrazione (f) illustration
imballo (m) packing
impaginazione (f) pagination
in brossura paperback
in stampa on press
inchiostro (m) ink
incidere engrave (v)
indice (m) table of contents
ingrandimento (m) blowup
lastra (f) plate
legatura cartonata (f) hardcover
libro (m) book
linea (f) line
lucido glossy

macchina (f) da stampa offset a bobina web offset press
maiuscolo (m) capital
materiale scritto (m) copy
matrice (f) matrix
menabò (m) dummy
minuscolo (m) lower case
montaggio (m) mechanical
negativo (m) negative
neretto (m) boldface
non lucido matt
numero (m) edition
opaco matt
opuscolo (m) pamphlet
pagina (f) page
pagina al vivo bleed
parte (f) stampata letterpress
pigmento (m) pigment
pollice (m) inch
positivo (m) positive
prefazione (f) preface
premessa (m) introduction
punto (m) tipografico point
quadrettatura (f) grid
quattro colori four colors
raschiatura (f) scoring
redattore (m) editor
redigere edit (v)
registro (m) register
retino (m) screen
rifilare crop (v)
rilegato sewn
risma (f) ream
segnatura (f) signature
separazione (f) dei colore color separation
serie completa (f) di caratteri font
smarginato bleed
sopraccoperta (f) jacket
stampatura (f) printing
superare (f) giustezza overrun
tipografia (f) printing shop
titolo (m) headline, title
ultima bozza (f) press book
volantino (m) insert

Winemaking — English to Italian

acid content   l'acidità
acre   l'acro
aging   l'invecchiamento
alcohol   l'alcool
alcoholic content   il contenuto alcolico
area of origin guaranteed   la denominazione di origine controllata (D.O.C.)
blend (v)   tagliare
body   il corpo
bottle (usually 75 centi-liters)   la bottiglia
bouquet   il naso, il bouquet
case   la cassa
cask (225 liters)   il barile
centiliter   centilitro
climate   il clima
cooper   il bottaio
cork   il tappo
corkscrew   il cavatappi
country   il paese
dregs   i rimasugli
drink   la bevanda
dry wine   il vino secco
estate (or chateau)   la fattoria
estate bottled   imbottigliato all'origine
ferment (v)   fermentare
fruity   fruttato
grape   l'uva
grape bunch   il grappolo d'uva
grape harvest   la vendemmia
hectare   l'ettaro
juice   il succo
label   l'etichetta
liqueur   il liquore
liter   il litro
magnum (2 bottles in one)   il bottiglione da due litri
malolactic fermentation   la fermentazione malolattica

must   il mosto
neck (of bottle)   il collo
pasteurized   pastorizzato
production   la produzione
ripe   maturo
skin   la buccia
sour   agro
sparkling wine   il vino spumante
sugar content   il contenuto zuccherino
table wine   il vino da tavola
tannin   il tannino
tasting (wine tasting)   la degustazione
temperature   la temperatura
type of vine   il vitigno
unfermented grape juice   il succo d'uva non fermentato
vat   il tino, la tinozza
vine   la vigna
vineyard   il vigneto
vintage   la vendemmia
vintage year   l'annata
vintner   il vinaio
vintry   la cantina
wine   il vino
wine cellar   la cantina, l'enoteca
wine cooperative   la cooperativa vinicola
winegrower   il viticultore
winepress   il torchio da vino
wine steward   l'enologo, il sommelier
wine growing areas   le zone di coltivazione delle vigne
yeast   il lievito
yield   la resa

Winemaking—Italian to English

acidità (f) acid content

acro (m) acre

agro sour

alcool (m) alcohol

annata (f) vintage year

barile (m) cask (225 liters)

bevanda drink

bottaio (m) cooper

bottiglia (f) bottle (usually 75 centiliters)

bottiglione da due litri (m) magnum (2 bottles in one)

bouquet (m) bouquet

buccia (f) skin

cantina (f) wine cellar

cassa (f) case

cavatappi (m) corkscrew

centilitro (m) centiliter

clima (m) climate

collo (m) neck (of bottle)

contenuto (m) alcolico alcoholic content

contenuto zuccherino sugar content

cooperativa (f) vinicola wine cooperative

corpo (m) body

degustazione (f) tasting (wine tasting)

denominazione di origine controllata (D.O.C.) (f) area of origin guaranteed

enologo (m) wine steward

enoteca (f) wine cellar

ettaro (m) hectare

etichetta (f) label

fattoria (f) estate (or chateau)

fermentare ferment (v)

fermentazione malolattica (f) malolactic fermentation

fruttato fruity

grappolo d'uva (m) grape bunch

imbottigliato all'origine estate bottled

invecchiamento (m) aging

lievito (f) yeast

liquore (m) liqueur

litro (m) liter

maturo ripe

mosto (m) must

naso (m) bouquet

paese (m) country

pastorizzato pasteurized

produzione (f) production

resa (f) yield

rimasugli (m) dregs

sommelier (m) wine steward

succo (m) juice

succo d'uva non fermentato unfermented grape juice

tagliare blend (v)

tannino (m) tannin

tappo (m) cork

temperatura (f) temperature

tino (m) vat

tinozza (f) vat

torchio da vino (m) winepress

uva (m) grape

vendemmia (f) grape harvest, vintage

vigna (f) vine

vigneto (m) vineyard

vinaio (m) vintner

vino (m) wine

vino da tavola table wine

vino secco dry wine

vino spumante sparkling wine

viticultore (m) winegrower

vitigno (m) type of vine

zone (f) di coltivazione delle vigne wine growing areas

Agriculture, Industry and Resources

The economic map of Italy will give you a good idea of Italian industrial geography.

MAJOR MINERAL OCCURRENCES

Ab	Asbestos	Mr	Marble
Al	Bauxite	Na	Salt
C	Coal	O	Petroleum
Fe	Iron Ore	Pb	Lead
G	Natural Gas	Py	Pyrites
Hg	Mercury	S	Sulfur
K	Potash	Sb	Antimony
Lg	Lignite	Zn	Zinc
⚡	Water Power	/////	Major Industrial Areas

GENERAL INFORMATION

ABBREVIATIONS

a.a. always afloat
a.a.r. against all risks
a/c account
A/C account current
acct. account
a.c.v. actual cash value
a.d. after date
a.f.b. air freight bill
agcy. agency
agt. agent
a.m.t. air mail transfer
a/o account of
A.P. accounts payable
A/P authority to pay
approx. approximately
A.R. accounts receivable
a/r all risks
A/S, A.S. account sales
a/s at sight
at. wt. atomic weight
av. average
avdp. avoirdupois
a/w actual weight
a.w.b. air waybill

bal. balance
bar. barrel
bbl. barrel
b/d brought down
B/E, b/e bill of exchange
b/f brought forward
B.H. bill of health
bk. bank
bkge. brokerage
B/L bill of lading
b/o brought over
B.P. bills payable
b.p. by procuration
B.R. bills receivable
B/S balance sheet
b.t. berth terms
bu. bushel
B/V book value

ca. circa; centaire
C.A. chartered accountant
c.a. current account
C.A.D. cash against documents
C.B. cash book
C.B.D. cash before delivery
c.c. carbon copy
c/d carried down
c.d. cum dividend
c/f carried forward
cf. compare
c & f cost and freight
C/H clearing house
C.H. custom house
ch. fwd. charges forward
ch. pd. charges paid
ch. ppd. charges prepaid
chq. check, cheque
c.i.f. cost, insurance, freight
c.i.f. & c. cost, insurance, freight, and commission
c.i.f. & e. cost, insurance, freight, and exchange
c.i.f. & i. cost, insurance, freight, and interest
c.l. car load
C/m call of more
C/N credit note
c/o care of
co. company
C.O.D. cash on delivery
comm. commission
corp. corporation
C.O.S. cash on shipment
C.P. carriage paid
C/P charter party
c.p.d. charters pay duties
cpn. corporation
cr. credit; creditor
C/T cable transfer

c.t.l. constructive total loss
c.t.l.o. constructive total loss only
cum. cumulative
cum div. cum dividend
cum. pref. cumulative preference
c/w commercial weight
C.W.O. cash with order
cwt. hundredweight

D/A documents against acceptance; deposit account
DAP documents against payment
db. debenture
DCF discounted cash flow
d/d days after date; delivered
deb. debenture
def. deferred
dept. department
d.f. dead freight
dft. draft
dft/a. draft attached
dft/c. clean draft
disc. discount
div. dividend
DL dayletter
DLT daily letter telegram
D/N debit note
D/O delivery order
do. ditto
doz. dozen
D/P documents against payment
dr. debtor
Dr. doctor
d/s, d.s. days after sight
d.w. deadweight
D/W dock warrant
dwt. pennyweight
dz. dozen

ECU European Currency Unit
E.E.T. East European Time
e.g. for example
encl. enclosure
end. endorsement

E. & O.E. errors and omissions excepted
e.o.m. end of month
e.o.h.p. except otherwise herein provided
esp. especially
Esq. Esquire
est. established
ex out
ex cp. ex coupon
ex div. ex dividend
ex int. ex interest
ex h. ex new (shares)
ex stre. ex store
ex whf. ex wharf

f.a.a. free of all average
f.a.c. fast as can
f.a.k. freight all kinds
f.a.q. fair average quality; free alongside quay
f.a.s. free alongside ship
f/c for cash
f.c. & s. free of capture and seizure
f.c.s.r. & c.c. free of capture, seizure, riots, and civil commotion
F.D. free delivery to dock
f.d. free discharge
ff. following; folios
f.g.a. free of general average
f.i.b. free in bunker
f.i.o. free in and out
f.i.t. free in truck
f.o.b. free on board
f.o.c. free of charge
f.o.d. free of damage
fol. following; folio
f.o.q. free on quay
f.o.r. free on rail
f.o.s. free on steamer
f.o.t. free on truck(s)
f.o.w. free on wagons; free on wharf
F.P. floating policy
f.p. fully paid
f.p.a. free of particular average
frt. freight
frt. pd. freight paid

frt. ppd. freight prepaid
frt. fwd. freight forward
ft. foot
fwd. forward
f.x. foreign exchange

g.a. general average
g.b.o. goods in bad order
g.m.b. good merchantable brand
g.m.q. good merchantable quality
G.M.T. Greenwich Mean Time
GNP gross national product
g.o.b. good ordinary brand
gr. gross
GRT gross register ton
gr. wt. gross weight
GT gross tonnage

h.c. home consumption
hgt. height
hhd. hogshead
H.O. head office
H.P. hire purchase
HP horsepower
ht. height

IDP integrated data processing
i.e. that is
I/F insufficient funds
i.h.p. indicated horsepower
imp. import
Inc. incorporated
incl. inclusive
ins. insurance
int. interest
inv. invoice
I.O.U. I owe you

J/A, j.a. joint account
Jr. junior

KV kilovolt
KW kilowatt
KWh kilowatt hour

L/C, l.c. letter of credit
LCD telegram in the language of the country of destination

LCO telegram in the language of the country of origin
ldg. landing; loading
l.t. long ton
Ltd. limited
l. tn. long ton

m. month
m/a my account
max. maximum
M.D. memorandum of deposit
M/D, m.d. months after date
memo. memorandum
Messrs. plural of Mr.
mfr. manufacturer
min. minimum
MLR minimum lending rate
M.O. money order
m.o. my order
mortg. mortgage
M/P, m.p. months after payment
M/R mate's receipt
M/S, m.s. months' sight
M.T. mail transfer
M/U making-up price

n. name; nominal
n/a no account
N/A no advice
n.c.v. no commercial value
n.d. no date
n.e.s. not elsewhere specified
N/F no funds
NL night letter
N/N no noting
N/O no orders
no. number
n.o.e. not otherwise enumerated
n.o.s. not otherwise stated
nos. numbers
NPV no par value
nr. number
n.r.t. net register ton
N/S not sufficient funds
NSF not sufficient funds
n. wt. net weight

o/a   on account
OCP   overseas common point
O/D, o/d   on demand; overdraft
o.e.   omissions excepted
o/h   overhead
ono.   or nearest offer
O/o   order of
O.P.   open policy
o.p.   out of print; overproof
O/R, o.r.   owner's risk
ord.   order; ordinary
O.S., o/s   out of stock
OT   overtime

p.   page; per; premium
P.A., p.a.   particular average; per annum
P/A   power of attorney; private account
PAL   phase alternation line
pat. pend.   patent pending
PAYE   pay as you earn
p/c   petty cash
p.c.   percent; price current
pcl.   parcel
pd.   paid
pf.   preferred
pfd.   preferred
pkg.   package
P/L   profit and loss
p.l.   partial loss
P/N   promissory note
P.O.   post office; postal order
P.O.B.   post office box
P.O.O.   post office order
p.o.r.   pay on return
pp.   pages
p & p   postage and packing
p. pro   per procuration
ppd.   prepaid
ppt.   prompt
pref.   preference
prox.   proximo
P.S.   postscript
pt.   payment
P.T.O., p.t.o.   please turn over
ptly. pd.   partly paid
p.v.   par value

qlty.   quality
qty.   quantity

r. & c.c.   riot and civil commotions
R/D   refer to drawer
R.D.C.   running down clause
re   in regard to
rec.   received; receipt
recd.   received
red.   redeemable
ref.   reference
reg.   registered
retd.   returned
rev.   revenue
R.O.D.   refused on delivery
R.P.   reply paid
r.p.s.   revolutions per second
RSVP   please reply
R.S.W.C.   right side up with care
Ry   railway

s.a.e.   stamped addressed envelope
S.A.V.   stock at valuation
S/D   sea damaged
S/D, s.d.   sight draft
s.d.   without date
SDR   special drawing rights
sgd.   signed
s. & h. ex   Sundays and holidays excepted
shipt.   shipment
sig.   signature
S/LC, s. & l.c.   sue and labor clause
S/N   shipping note
s.o.   seller's option
s.o.p.   standard operating procedure
spt.   spot
Sr.   senior
S.S., s.s.   steamship
s.t.   short ton
ster.   sterling
St. Ex.   stock exchange
stg.   sterling
s.v.   sub voce

T.A.   telegraphic address

T.B.   trial balance
tel.   telephone
temp.   temporary secretary
T.L., t.l.   total loss
T.L.O.   total loss only
TM   multiple telegram
T.O.   turn over
tr.   transfer
TR   telegram to be called for
TR, T/R   trust receipt
TT, T.T.   telegraphic transfer (cable)
TX   Telex

UGT   urgent
u.s.c.   under separate cover
U/ws   underwriters

v.   volt
val.   value
v.a.t.   value-added tax
v.g.   very good
VHF   very high frequency
v.h.r.   very highly recommended
w.   watt
WA   with average

W.B.   way bill
w.c.   without charge
W.E.T.   West European Time
wg.   weight guaranteed
whse.   warehouse
w.o.g.   with other goods
W.P.   weather permitting; without prejudice
w.p.a.   with particular average
W.R.   war risk
W/R, wr.   warehouse receipt
W.W.D.   weather working day
wt.   weight

x.c.   ex coupon
x.d.   ex dividend
x.i.   ex interest
x.n.   ex new shares

y.   year
yd.   yard
yr.   year
yrly.   yearly

WEIGHTS AND MEASURES

U.S. UNIT	METRIC EQUIVALENT
mile	1.609 kilometers
yard	0.914 meters
foot	30.480 centimeters
inch	2.540 centimeters
square mile	2.590 square kilometers
acre	0.405 hectares
square yard	0.836 square meters
square foot	0.093 square meters
square inch	6.451 square centimeters
cubic yard	0.765 cubic meters
cubic foot	0.028 cubic meters
cubic inch	16.387 cubic centimeters
short ton	0.907 metric tons
long ton	1.016 metric tons
short hundredweight	45.359 kilograms
long hundredweight	50.802 kilograms
pound	0.453 kilograms
ounce	28.349 grams

U.S. UNIT	METRIC EQUIVALENT
gallon	3.785 liters
quart	0.946 liters
pint	0.473 liters
fluid ounce	29.573 milliliters
bushel	35.238 liters
peck	8.809 liters
quart	1.101 liters
pint	0.550 liters

TEMPERATURE AND CLIMATE

Temperature Conversion Chart

DEGREES CELSIUS	DEGREES FAHRENHEIT
−5	23
0	32
5	41
10	50
15	59
20	68
25	77
30	86
35	95
40	104

Average Temperatures for Major Cities

	JAN	APR	JULY	OCT
Paris	37°F (3°C)	60°F (15°C)	77°F (15°C)	60°F (15°C)
Bordeaux	45°F (7°C)	61°F (16°C)	77°F (25°C)	63°F (17°C)
Marseille	46°F (8°C)	63°F (17°C)	80°F (27°C)	66°F (18°C)
Geneva	38°F (4°C)	58°F (15°C)	68°F (20°C)	58°F (15°C)
Brussels	38°F (4°C)	55°F (13°C)	72°F (21°C)	58°F (15°C)

Spring	primavera
Summer	estate
Autumn	autunno
Winter	inverno
Hot, warm	caldo
Sunny	sole
Cool	fresco
Wind	vento
Fog	nebbia
It's snowing	nevica
It's raining	piove

COMMUNICATIONS CODES

Telephone

telephone booth	cabina telefonica
public phone	telefono pubblico
telephone directory	elenco telefonico
long-distance call	telefonata in teleselezione
local call	telefonata urbana
person-to-person call	telefonata diretta con preavviso
tokens	gettoni
operator	telefonista
the line is busy	la linea è occupata
dial a number	formare un numero

For most calls from a public booth, you need to use a special 100-lire token *(gettoni)*.

Area Codes in Italy

Florence	055	Rome	06
Genoa	010	Turin	011
Milan	02	Venice	041
Naples	081		

International Country Codes

Algeria	213	Malta	356
Argentina	54	Mexico	52
Australia	61	Morocco	212
Austria	43	Netherlands	31
Belgium	32	New Zealand	64
Brazil	55	Norway	67
Canada	1	Philippines	63
Chile	56	Poland	48
Colombia	57	Portugal	351
Denmark	45	Saudi Arabia	966
Finland	358	Singapore	65
France	33	South Africa	27
Germany (West)	37	South Korea	82
Germany (East)	49	Spain	34
Gibraltar	350	Sri Lanka	94
Greece	30	Sweden	46
Hong Kong	852	Switzerland	41
Hungary	36	Taiwan	886
Iceland	354	Thailand	255
India	91	Tunisia	216
Ireland	353	Turkey	90
Israel	972	United Kingdom	44
Italy	39	USA	1·
Japan	81	USSR	7
Kuwait	965	Venezuela	58
Luxembourg	352	Yugoslavia	38

POSTAL SERVICES

In Italy

The Italian postal service is not always reliable and mail is often delayed. For business correspondence, you are advised to use telex and special delivery services. All post offices are open from 8 A.M. to 2 P.M., while in the cities the central post offices are usually open 8 A.M. to 4 P.M. Stamps can also be bought at tobacconists. Central post offices also offer telephone and telegraph services.

In Rome, the main post office (open 24 hours) is at Piazza San Silvestro 00187. In Milan, the main post office (open 8 A.M. to 8 P.M.) is at Piazza Cordusio 20123.

In Switzerland

The postal service is highly efficient and delivery of regular mail ordinarily takes one day. Post offices are open from 7:30 A.M. to noon and 1:30 P.M. to 6:30 P.M., Monday through Friday; 9:30 to 11 A.M. on Saturday. Facilities offer postal, telephone, and telegram service. In Geneva, the office at rue de Lausanne is open from 6:30 A.M. to 11 P.M., every day.

TIME ZONES

Use the following table to know the time difference between where you are and other major cities. Note, however, that during April through September, you will also have to take Daylight Savings Time into account. Since there are four time zones for the United States, eleven zones for the U.S.S.R., and three for Australia, we've listed major cities for these countries.

Note that in most parts of the world, official time is based on the 24-hour clock. Train schedules and other official documents will use 13:00 through 23:00 to express the PM hours.

1PM = 13.00 le tredici (leh trEH-dee-chee)
1.30PM = 13.30 le tredici e trenta (leh trEH-dee-chee ay trEHn-tah)
2PM = 14.00 le quattordici (leh koo-aht-tOHr-dee-chee)
3PM = 15.00 le quindici (leh koo-EEn-dee-chee)
4PM = 16.00 le sedici (leh sAY-dee-chee)
5PM = 17.00 le diciasette (leh dee-chee-ahs-sEHt-teh)
6PM = 18.00 le diciotto (leh dee-chee-OHt-toh)
7PM = 19.00 le diciannove (leh dee-chee-ahn-nOH-veh)
8PM = 20.00 le venti (leh vAYn-tee)
9PM = 21.00 le ventuno (leh vayn-tOO-noh)
10PM = 22.00 le ventidue (leh vayn-tee-dOO-eh)
11PM = 23.00 le ventitrè (leh vayn-tee-trEH)
midnight = mezzanote (meh-tsah-nOHt-teh)

−8 HOURS	−6 HOURS	−5 HOURS	GREEN-WICH MEAN TIME	+1 HOUR	+2 HOURS	+3 HOURS	+ ADDITIONAL HOURS
Los Angeles San Francisco	Chicago Dallas Houston	Boston New York Washington, D.C.	Great Britain Iceland Ireland Portugal	Austria Belgium Denmark France Germany Hungary Italy Luxembourg Malta Monaco Netherlands Norway Poland Spain Sweden Switzerland Yugoslavia	Finland Greece Romania South Africa	Turkey Moscow	Sydney (10 hours) New Zealand (12 hours)

MAJOR HOLIDAYS

January 1	New Year's Day	Capodanno
March 31	National Day (Malta)	Festa Nazzionale
April 25	Liberation Day	Festa della Resistenza
May 1	Labor Day	Festa del Lavoro
August 1	National Day (in most Swiss cantons)	Festa Nazzionale
August 15	Assumption Day	Assunzione
November 1	All Saints Day	Ognissanti
December 8	Immaculate Conception	Immacolata Concezione
December 13	Republic Day (Malta)	Festa della Repubblica
December 25	Christmas	Natale
December 26	St. Stephen's Day	Santo Stefano
March–April	Good Friday (Malta)	Venerdì Santo
	Easter Monday	Lunedì dopo Pasqua

The following saints' days are celebrated in these cities:

April 25	San Marco (Venice)
June 24	San Giovanni Battista (Florence, Genoa, Turin)
June 29	Santi Pietro e Paolo (Rome)
September 19	San Gennaro (Naples)
December 17	Sant'Ambrogio (Milan)

CURRENCY INFORMATION

Major Currencies of the World

Andorra	French Franc
Argentina	Argentinian Peso
Austria	Schilling
Belgium	Belgian Franc
Colombia	Colombian Peso
Denmark	Danish Krone
Finland	Finmark
France	Franc
Germany (West)	Mark (DM)
Germany (East)	Mark (M)
Greece	Drachma
Hungary	Forint
Iceland	Krone
Ireland	Punt
Italy	Lira
Liechtenstein	Swiss Franc

Luxembourg	Luxembourg Franc
Malta	Maltese Lira
Monaco	French Franc
Mexico	Mexican Peso
Monaco	French Franc
Netherlands	Guilder
Norway	Norwegian Krone
Peru	Sol
Portugal	Escudo
Puerto Rico	U.S. Dollar
Spain	Peseta
Sweden	Swedish Krone
Switzerland	Swiss Franc
Turkey	Lira
United Kingdom	Pound Sterling
Uruguay	Uruguayan Peso
USSR	Ruble
Venezuela	Bolivar
Yugoslavia	Dinar

Major Commercial Banks

In Italy

Banca Nazionale del Lavoro
Via Vittorio Veneto 119
00187 Rome

Banco di Roma
Via del Corso 307
00186 Rome

Credito Italiano
Piazza Cordusio
20123 Milan

Cariplo
Cassa di Risparmio delle
   Provincie Lombarde
Via Monte di Pietà 8
20121 Milan

In Switzerland

Union Bank of Switzerland
   (UBS)
Bahnhofstrasse 45
Postfach
CH-8021 Zurich

Swiss Bank Corporation
Postfach
CH-4002 Basle

Credit Suisse
Paradeplatz 8
Postfach
CH-8021 Zurich

MAJOR PERIODICALS

The *International Herald Tribune* is the leading English-language newspaper sold in Europe. It is available at most hotels and newsstands. The *Journal of Commerce* is also available at some stands.

In Italy

Newspapers

Avanti!	Il Giorno
Corriere della Sera	Il Mattino
Daily American	Il Messaggero

La Nazione	La Repubblica
La Notte	Il Resto del Carlino
L'Osservatore Romano	Il Sole - 24 Ore
Paese Sera	La Stampa
Il Popolo	L'Unità

Magazines

| L'Espresso | Panorama |

In Switzerland

Newspapers

| Neue Zuercher Zeitung | Finanz und Wirtschaft |
| Schweiz. Handelszeitung | La Tribune de Genève |

(All major business newspapers in Switzerland are in German or French.)

ANNUAL TRADE FAIRS

This is a partial list of annual events. Changes may occur from year to year, as well as during the year, and it is advisable to consult local tourist offices and the Government Tourist Offices abroad for up-to-date information.

Rome

January	Presentation: Women's High Fashion Collection
March	International Nuclear Electronics and Aerospace Technology Exhibit
May–June	General Trade Fair
July	Presentation: Women's High Fashion Collection

Bologna

March	International Building and Construction Fair
April	Cosmetics & Perfume Exhibition
	Children's Book Fair
May–June	General Trade Fair
September	Shoe Fair
October	International Building and Construction Fair
November	Farm Machinery Fair

Florence

January	Men's Fashions
	International Footwear, Leathergoods, and Accessories Show
April	International Gift and Handicraft Show
September	International Footwear, Leathergoods, and Accessories Show
November	Leathergoods, Shoes, and Bags Machinery Exhibit

Milan

February	International Housewares Exhibit
	International Tourism Exchange
	International Kitchen Furniture Exhibit*
	Heating, Air Conditioning, and Plumbing International Fair
March	Industrial Automation Exhibit
	Ladies High Fashion Show
	International Shoe Show
April	International Trade Fair
	Gold Italia (jewelry, silverware)
May	International Woodworking Machinery and Tools Exhibit*
June	European Knitwear Fair
September	International Office Furniture Exhibit
	Computers, Telecommunications, and High Technology Electronics Exhibit
	International Hi-Fi, Video, and Consumer Electronics Show
	International Housewares Exhibit
	International Furniture and Lighting Exhibition
October	International Leathergoods Market
	Ladies High Fashion Show
November	International Exhibition of Chemistry, Analysis, Research, and Test Equipment
December	European Knitwear Fair

Turin

February–March	International Vacation, Tourism, and Sports Show
April–May	International Auto Show
October–November	International New Technologies Show

* Biennial

For additional information contact:

Italy-America Chamber of
  Commerce, Inc.
Empire State Building
350 Fifth Avenue
New York, NY 10118
Tel: 212/279-5520

Italian Trade Commission
499 Park Avenue
New York, NY 10022
Tel: 212/980-1500

Ente Autonomo Fiera di
  Roma
Via Savoia, 78
00198 Roma
Tel: 2/851 471

Relazioni Pubbliche
  Informazioni
Via Isonzo, 25
00198 Roma
Tel: 06/868 748

Ente Autonomo Per Le
  Fiere di Bologna
Piazza Costituzione, 6
40128 Bologna
Tel: 51/50 30 50

Fiera di Milano
Largo Domodossola, 1
20145 Milano
Tel: 2/34 32 51

Torino Esposizioni
Corso Massino D'Azelio, 5
10126 Torino

TRAVEL TIMES

To Italy

Most international flights go to either Milan or Rome, although there are international flights to other Italian cities less frequently. In Milan, flights arrive at Malpensa, about 40 km from the city. To get into Milan itself, take the airport bus, which leaves the airport every 45 minutes. All domestic flights and flights from other European cities land at Linate Airport, only 7 km from the city and a quick taxi ride into town.

Flights to Rome arrive at Leonardo da Vinci Airport, 35 km from the city. Taxis are very expensive from the airport; better alternative is public transportation.

To Malta

There are some direct flights to Malta from London, but most arrivals are through Rome. The airport is located at Luqa, 5 km from Valletta.

To Switzerland

Flights to Geneva arrive at Cointrin Airport, located about 4 km from the center of the city. Taxis are quick but you can also take the airport bus to the Air Terminal at Gare Cornavin. The airport bus runs every 20 minutes.

Approximate Flying Times to Key Italian Cities

New York – Milan	7½ hours
New York – Rome	8 hours
Chicago – Milan	9 hours
Los Angeles – Milan	12 hours
London – Milan	2 hours
London – Rome	2 hours, 15 minutes
Sydney – Rome	12½ hours

Average Flying Times Between Major Italian Cities

Rome – Milan	1 hour
Rome – Genoa	1 hour

Rome – Venice	1 hour
Rome – Turin	1 hour
Milan – Naples	1 hour, 15 minutes
Milan – Bari	1 hour, 25 minutes
Naples – Bologna	1 hour, 15 minutes
Turin – Pisa	50 minutes

Alitalia and Aero Transport Italiani offer domestic flights to most cities. Alisarda also offers domestic flights, including to Sardinia.

Rail Travel

The major Italian train lines are fast and comfortable, although all service slows a bit during the tourist season. Trains have two classes — first and second — with first class being the advisable one to choose. People often disregard the signs distinguishing the classes, thus you are apt to find second-class passengers sitting in first-class seats. Just politely ask the person to move. Passes that are good for unlimited travel within Italy are available to foreigners. They may be purchased for 8, 15, 21, or 30 days. Consult your travel agent or inquire at any railway terminal. The following is a brief description of the varieties of Italian trains.

R	Rapido	High-speed luxury train between major cities (supplementary fare required)
DD	Direttissimo	Fast train, stopping only at main stations between large cities
D	Diretto	Shorter-distance train, stopping only at major stations
L	Locale	Local train, making all stops (also called an accelerato)
TEE	Trans Europa Express	International luxury train linking Italy and other western European countries (with additional fare and reservations)
TEN	Trans Europa Notte	International overnight train with sleeping cars with berths (cuccette, koo-chEHt-teh), which can be reserved from two months to four hours in advance

In Switzerland, all trains to Geneva arrive at Gare Cornavin, which is conveniently located in the center of the city. There are also link-ups with other major Swiss cities, as well as other European cities.

TRAVEL TIPS

On the Plane

1. Be aware that the engine noise is less noticeable in the front part of the plane. Try to sleep. Some frequent trav-

elers bring along earplugs, eyeshades, and slippers.
2. Wear comfortable, loose-fitting clothing.
3. Walk up and down the aisles, when permitted, at least five minutes every hour to maintain body circulation.
4. Limit alcohol intake—altitude heightens the intoxicating effect.
5. Avoid heavy foods and caffeine, which dehydrates the body.
6. Drink plenty of liquids and eat foods rich in potassium. Pressurized cabins cause dehydration.
7. Take it easy when you arrive. When possible, schedule your first important meeting according to your "at home" peak period.

Jet Lag

Disruption of the body's natural cycles can put a lingering damper on your vacation, so take the following precautions:

1. *Avoid loss of sleep* by taking a flight that will get you to your destination early in the evening, if at all possible. Get a good night's sleep at home the night before your departure.
2. *Rearrange your daily routine* and sleeping schedule to harmonize with a normal body clock at your destination.
3. *Avoid stress and last-minute rush.* You're going to need all your strength.
4. *Rearrange your eating habits.* Start four days early—begin a diet of alternate days of feasting and fasting. "Feast" features high-protein breakfasts and lunches (to increase energy level and wakefulness) and high-carbohydrate dinners (to help induce sleep).

Shopping

Shop hours in Italy change with the season. In the winter shops are generally open 8 A.M. to 7 P.M. with a lunch break between 1 and 3. During the tourist season, shops open and close later in the afternoon (4 to 8). Some remain open on Sundays but most close a half day during the week—often Monday morning or Thursday afternoon. In Switzerland stores are generally open until 6:30 P.M.

Drug Stores

The Italian drugstore doesn't stock the variety of goods available in America. For perfume, cosmetics, etc. you'd go to a *profumeria*. A drugstore has a sign outside—a green or red cross. In the window is a notice telling where the nearest all-night drugstore is.

Clothing Sizes

In Europe, clothing sizes vary from country to country, so be sure to try the garment on. Basically, for men, a suit size is "10" more than the American size; thus, an American 40 is a European or Continental 50. For women, the conversion is the American size plus "28"—thus, an American size 10 is a Continental 38.

Electricity

In most large cities in Italy you'll find voltage for electric lights at 110-127 AC, 50-cycle and voltage for appliances at 220 or 230 AC, 50-cycle. Check the voltage before plugging in your appliance. You may find an adapter plug useful.

Film

Film sizes aren't always indicated the same way in Europe as in America. Check carefully before purchasing.

Telephones

In Italy there are fewer public telephones. Most people use the public phone that can be found in cafes and bars. The cashier supplies tokens (*gettoni*). Dialing is direct and on an inter-city basis. You'll find area codes in the directory. You must order long-distance calls in advance.

If possible avoid making telephone calls from your hotel as the cost is excessively high.

Driving

You'll need the following when driving: passport; international insurance certificate (green card); registration (log) book; and a valid driving license. An international driving permit may save you trouble. A red warning triangle—for display on the road in case of an accident—is compulsory.

Tipping

Tipping, of course, varies with the individual and the situation. The following amounts are typical: In hotels in Italy 5% is included in the bill; in Switzerland, the porter should receive 1 franc per bag; in Italy, the porter should receive 1000 lire; in Switzerland, the tip for the maid is included in the bill, in Italy the maid should be tipped 10–20,000 lire per week. In restaurants, 5% is usually included in the check; lavatory and hatcheck attendants usually expect a few hundred lire in Italy and a few francs in Switzerland. Taxi drivers, barbers, and hairdressers should receive 5%; ushers and guides are tipped lesser amounts.

MAJOR HOTELS

Rome

Aldrovandi Palace Hotel
Via Aldrovandi 15, 00197
Tel: 841091; Telex 616141
Major credit cards accepted

Ambasciatori Palace
Via Vittorio Veneto 70,
  00187
Tel: 473831; Telex 610241
Major credit cards accepted
Restaurant

Bernini Bristol
Piazza Barberini 23, 00187
Tel: 463151; Telex 610554
Major credit cards accepted

Cavalieri Hilton
Via Cadlolo 101, 00136
Tel: 3151; Telex 610296
(Outdoor pool)
Major credit cards accepted
Restaurant: La Pergola

Cicerone
Via Cicerone 55, 00193
Tel: 3576; Telex 680514
Major credit cards accepted

D'Inghilterra
Via Bocca di Leone 14,
  00187
Tel: 672161; Telex 614552
Major credit cards accepted

Eden
Via Ludovisi 49, 00187
Tel: 4743551; Telex 610567
Restaurant

Excelsior
Via Vittorio Veneto 125,
  00187
Tel: 4708; Telex 610232

Grand Hotel de la Ville
Via Sistina 69, 00187
Tel: 6733; Telex 620836

Hassler-Villa Medici
Piazza Trinità dei Monti 6,
  00187
Tel: 6792651; Telex 610208
Restaurant

Jolly Leonardo da Vinci
Via dei Gracchi 324; 00192
Tel: 39680; Telex 611182
Major credit cards accepted
Restaurant

Jolly Vittorio Veneto
Corso d'Italia 1, 00198
Tel: 8495; Telex 612293
Major credit cards accepted
Restaurant

Le Grand Hotel
Via Vittorio Emanuele
  Orlando 3, 00185
Tel: 4709; Telex 610210
Major credit cards accepted

Lord Byron
Via De Notaris 5, 00197
Tel: 3609541; Telex 611217
Major credit cards accepted
Restaurant: Relais le Jardin

Mediterraneo
Via Cavour 15, 00184
Tel: 464051
Major credit cards accepted

Plaza
Via del Corso 126, 00186
Tel: 672101; Telex 624669
Major credit cards accepted

Regina Carlton
Via Vittorio Veneto 72,
  00187
Tel: 476851; Telex 620863
Major credit cards accepted

Visconti Palace
Via Cesi 37, 00193
Tel: 3684; Telex 680407
Major credit cards accepted

Florence

Baglioni
Piazza Unità Italiana 6, 50123
Tel: 218441; Telex 570225
Major credit cards accepted
Restaurant

Excelsior
Piazza Ognissanti 3, 50123
Tel: 264201; Telex 570002
Major credit cards accepted
Restaurant

Regency Piazza Massimo D'Azeglio 3, 50121
Tel: 245247; Telex 571058
Major credit cards accepted
Restaurant

Savoy
Piazza della Repubblica 7, 50123
Tel: 283313; Telex 570220
Major credit cards accepted
Restaurant

Villa Medici
Via Il Prato 42, 50123
Tel: 261331; Telex 570179
(Outdoor pool)
American Express, Diner's Club accepted
Restaurant: Lorenzaccio

Milan

Anderson
Piazza Luigi di Savoia 20, 20124
Tel: 6690141; Telex 321018
Major credit cards accepted

Carlton Hotel Senato
Via Senato 5, 20121
Tel: 798583; Telex 331306

Cavour
Via Fatebenefratelli 21, 20121
Tel: 650983; Telex 320498
Major credit cards accepted
Restaurant

Dei Cavalieri
Piazza Missori 1, 20123
Tel: 8857; Telex 312040
Major credit cards accepted

Executive
Viale Luigi Sturzo 45, 20154
Tel: 6294; Telex 310191
Major credit cards accepted
Restaurant

Excelsior Gallia
Piazza Duca d'Aosta 9, 20124
Tel: 6277; Telex 311160
Major credit cards accepted
Restaurant

Galileo
Corso Europa 9, 20122
Tel: 7743; Telex 322095
Major credit cards accepted

Grand H. Brun
Via Caldera, 20153
Tel: 45271; Telex 315370
Major credit cards accepted

Grand H. Duomo
Via San Raffaeli 1, 20121
Tel: 8833; Telex 312086
Major credit cards accepted

Grand Hotel et de Milan
Via Manzoni 29, 20121
Tel: 870757; Telex 334505
Major credit cards accepted

Grand H. Fieramilano
Viale Boezio 20, 20145
Tel: 3105; Telex 331426
Major credit cards accepted
Restaurant

Jolly Touring
Via Tarchetti 2, 20121
Tel: 6335; Telex 320118
Major credit cards accepted
Restaurant

Jolly President
Largo Augusto 10, 20122
Tel: 7746; Telex 312054
Major credit cards accepted
Restaurant

Michelangelo
Via Scarlatti 33, 20124
Tel: 6755; Telex 340330
Major credit cards accepted
Restaurant

Milano Hilton
Via Galvani 12, 20124
Tel: 6983; Telex 330433
Major credit cards accepted
Restaurant

Palace
Piazza della Repubblica 20,
   20124
Tel: 6336; Telex 311026
Major credit cards accepted
Restaurant: Casanova

Plaza
Piazza Diaz 3, 20123
Tel: 8058452; Telex 321162
American Express, Diner's
   Club accepted

Principe e Savoia
Piazza della Repubblica 17,
   20124
Tel: 6230; Telex 310052
Major credit cards accepted

Select
Via Baracchini 12, 20123
Tel: 8843; Telex 312256
American Express, Visa
   accepted

Turin

Jolly Hotel Ligure
Piazza Carlo Felice 85,
   10123
Tel: 55641; Telex 220167
Major credit cards accepted
Restaurant

Jolly Principi di Piemonte
Via Gobetti 15, 10123
Tel: 519693; Telex 221120
Major credit cards accepted
Restaurant

Turin Palace Hotel
Via Sacchi 8, 10128
Tel: 515511; Telex 221411
Major credit cards accepted
Restaurant

If you are traveling to cities other than the ones mentioned here, you may wish to call the central reservation office in Milan for either of the two following chains:

Ciga — 02-626622
Jolly — 02-7703

MAJOR RESTAURANTS

Rome

Alberto Ciarla — one star
Piazza San Cosimato 40,
   00153
Tel: 5818668
Major credit cards accepted

El Toulà — one star
Via della Lupa 29, 00186
Tel: 6781196
Major credit cards accepted

Girarrosto Toscano — one
   star
Via Campania 29, 00187
Tel: 493759
Major credit cards accepted

Hostaria dell'Orso
Via Monte Brianzo 93,
   00186
Tel: 6564250

La Rosetta—one star
Via della Rosetta 9, 00187
Tel: 6561002
American Express, Diner's
Club accepted

Piperno—one star
Monte de'Cenci 9, 00186
Tel: 6540629

Relais Le Jardin—two stars
Via De Notaris 5, 00197
Tel: 3609541; Telex 611217
Major credit cards accepted

Sans Souci—one star
Via Sicilia 20/24, 00187
Tel: 493504
Major credit cards accepted

Ratings extracted from the *Red Michelin Guide,* 1986

Florence

Da Dante-al Lume di
  Candela
Via delle Terme 23 r, 50123
Tel: 294566
Major credit cards accepted

Enoteca Pinchiorri—two
  stars
Via Ghibellina 87, 50122
Tel: 242757
American Express accepted

Harry's Bar
Lungarno Vespucci 22 r,
  50123
Tel: 296700
American Express accepted

Sabatini
Via de'Panzani 9/a, 50123
Tel: 282802
Major credit cards accepted

Milan

Alfredo-Gran San
  Bernardo—one star
Via Borghese 14, 20154
Tel: 3319000

A Riccione—one star
Via Taramelli 70, 20124
Tel: 6086807
Major credit cards accepted

Biffi Scala
Piazza della Scala, 20121
Tel: 876332
Major credit cards accepted

Casa Fontana—one star
Piazza Carbonari 5, 20125
Tel: 6892684
American Express, Visa
  accepted

El Toulà
Piazza Paolo Ferrari 6,
  20121
Tel: 870302
Major credit cards accepted

Giannino—one star
Via Amatore Sciesa 8, 20135
Tel: 5452948
Major credit cards accepted

Gualtiero Marchesi—three
  stars
Via Bonvesin de la Riva 9,
  20129
Tel: 741246
American Express accepted

Turin

St. Andrews
Via Sant'Andrea 23, 20121
Tel: 793132
Major credit cards accepted

Savini—one star
Galleria Vittorio Emanuele
II, 20121
Tel: 8058343
Major credit cards accepted

Al Gatto Nero—one star
Corso Filippo Turati 14,
10128
Tel: 590414
American Express, Diner's
Club accepted

Del Cambio—one star
Piazza Carignano 2, 10123
Tel: 546690
Major credit cards accepted

Tiffany
Piazza Solferino 16/h, 10121
Tel: 540538
American Express accepted

Vecchia Lanterna—one star
Corso Re Umberto 21,
10128
Tel: 537047
American Express, Visa
accepted

Villa Sassi-el Toulà—one
star
Strada al Traforo del Pino
47, 10132
Tel: 890556
Major credit cards accepted

USEFUL ADDRESSES

American Chamber of
Commerce in Italy
12 Via Agnello
20121 Milan

Unione Italiana delle
Camere di
Commercio Industria
Artigianato e Agricoltura
Piazza Sallustio 21
00187 Rome

Associazione Italiana degli
Industriali
dell'Abbigliamento
Foro Bonaparte 70
20121 Milan

Camera Nazionale dell'Alta
Moda Italiana
Piazza Aracoeli 3
50123 Florence

Unione Industriale Pastai
Italiani UN.I.P.I.
Via Po 102
00198 Rome

Federceramica
Piazza del Liberty 8
20121 Milan

Associazione Industrie
Dolciarie Italiane A.I.D.I.
Via 6 Oriani 92
00197 Rome

Associazione Italiana
Industriali Prodotti
Alimentari
Via Pietro Verri 8
20121 Milan

Federazione Italiana
    Industriali Produttori
    Esportatori ed
    Importatori di Vini,
    Acquaviti, Liquori,
    Sciroppi, Aceti ed Affini
Via Mentana 2-B
00185 Rome

Associazione Italian
    Manufatturieri Pelle
Cuoio e Succedanei—
    A.I.M.P.E.S.
Viale Beatrice d'Este 43
20122 Milan

Associazione Industria
    Marmifera Italiana e delle
    Industrie Affini
Via Nizza 59
00198 Rome

Associazione Italiana
    Editori A.I.E.
Via della Erba 2
20121 Milan

Borsa Valori
Via del Burro 147
00186 Rome

Confederazione Generale
    dell'Industria Italiana
Viale dell'Astronomia 30
Rome

MAPS

The following maps of Europe, Italy and Switzerland, will be useful in doing business in Italian-speaking areas.

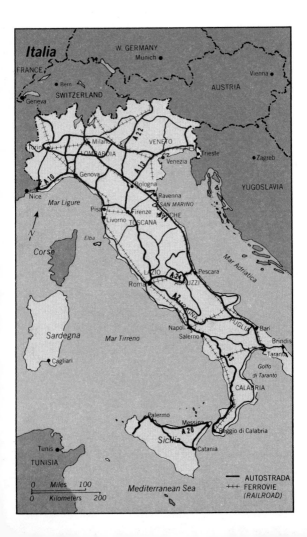

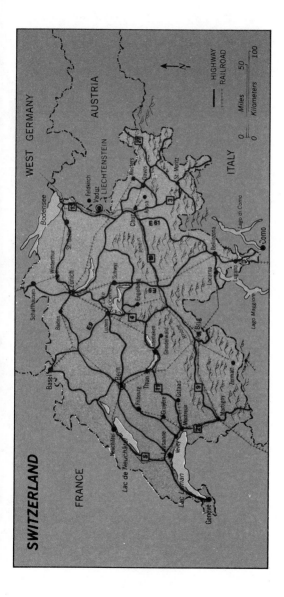

Europe

0		200 miles
0	200	400 Km

Shetland Is.

Hebrides

Orkney Is

SCOTLAND
●Inverness

●Aberdeen

●Dundee

Glasgow● ●Edinburgh

North

55°N

●Newcastle

Londonderry●

NORTHERN
IRELAND
Belfast●

●Teesside

Sea

I R I S H

Irish
Sea

UNITED

REPUBLIC
●Limerick

Dublin●

●Liverpool

●Hull

●Stoke

KINGDOM

●Amsterdam

Cork●

●Waterford

●Nottingham

●Birmingham

E N G L A N D

●Norwich

●Den Haag

Rotterdam●

Swansea●

●Cardiff

●Bristol

London●

50°N

Land's End

●Southampton

●Plymouth

English Channel

●Ostend

●Lille

ATLANTIC

Cherbourg●

Brest●

●Rennes

●Le Mans

Loire

Nantes●

FRANCE

●Luxe

OCEAN

Bay of

45°N

Biscay

●Limoges

●Clermont
Ferrand

Massif

Central

La Coruña●

C. Finisterre

Cantabrian Mts.

●Gijón

Ebro

San Sebastián●

●Bordeaux

Dordogne

Lot

Tarn

●Toulouse

●Nîmes

●Marseill

Gulf of
Lions

Vigo●

●Oviedo

●León

●Burgos

P y r e n e e s

ANDORRA

Porto●

40°N

●Valladolid

Duero

Zaragoza●

●Sabadell

●Barcelona

C. Tortosa

Coimbra●

●Madrid

S P A I N

Tagus

Lisboa●

Sierra

Guadiana●

Badajoz●

Morena

●Ciudad Real

Júcar

●Valencia

(Sp.)

Menorca

Setúbal●

●Córdoba

1320

●Palma

●Ibiza

Balearic Islands

C. de
la Nao

●Mallorca

Guadalquivir

Sevilla●

Sierra Nevada

3481

●Murcia

●Alicante

Gulf of
Cádiz

Cádiz●

●Jérez

●Málaga

●Almería

M e d i t e r

C. Trafalgar

Tangier●

GIBRALTAR (Br.)

6°W

0°

Algier●

5°E

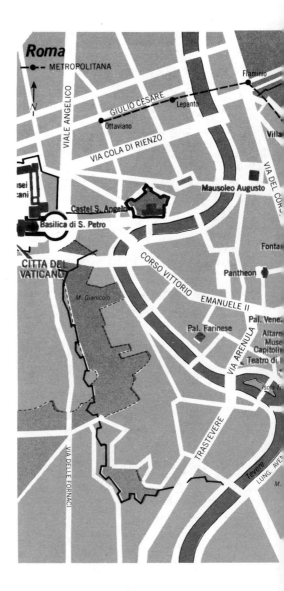

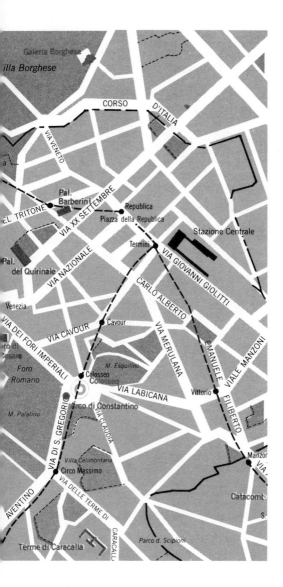

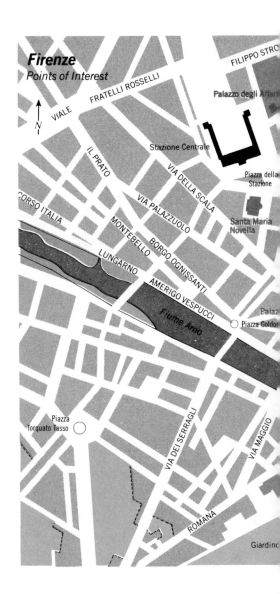

Firenze
Points of Interest

N

FILIPPO STRO

FRATELLI ROSSELLI

Palazzo degli Affari

VIALE

IL PRATO

Stazione Centrale

VIA DELLA SCALA

Piazza della
Stazione

VIA PALAZZUOLO

CORSO ITALIA

Santa Maria
Novella

MONTEBELLO

BORGO OGNISSANTI

LUNGARNO

AMERIGO VESPUCCI

Fiume Arno

Palaz

Piazza Goldor

Piazza
Torquato Tasso

VIA DEI SERRAGLI

VIA MAGGIO

ROMANA

Giardin

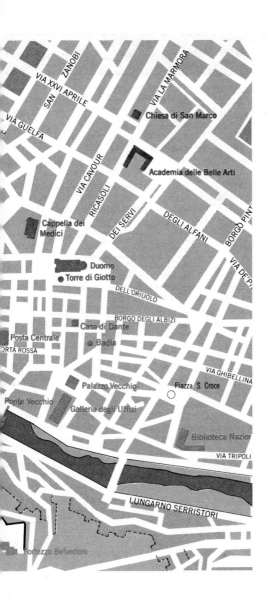